PONS

Schüler-Verbtabellen
FRANZÖSISCH

von
Isabelle Langenbach
Dr. Pascale Rousseau

Übungsteil & Abschlusstests von
Laurent Neybecker

PONS GmbH
Stuttgart

PONS

Schüler-Verbtabellen FRANZÖSISCH

von
Isabelle Langenbach
Dr. Pascale Rousseau

Übungsteil & Abschlusstests von
Laurent Neybecker

Dieser Titel basiert in Teilen auf 978-3-12-561593-9

PONS verpflichtet sich, den Zugriff auf die zu diesem Buch gehörigen Online-Übungen bis mindestens Ende 2016 zu gewährleisten. Ein Anspruch der Nutzung darüber hinaus ist nicht gegeben.

Auflage A1 4 3 2 1 / 2016 2015 2014 2013

PONS Produktinfos und Shop: www.pons.de
PONS Online-Wörterbuch: www.pons.eu
E-Mail: info@pons.de

Redaktion: Elisabeth Courbet, Canan Eulenberger-Özdamar
Logoentwurf: Erwin Poell, Heidelberg
Logoüberarbeitung: Sabine Redlin, Ludwigsburg
Titelfoto: Vlado Golub, Stuttgart
Einbandgestaltung: Tanja Haller, Petra Schnur, Stuttgart
Entwurf Button Online-Übungen: grundmanngestaltung, Karlsruhe
Layout/Satz: Satzkasten, Stuttgart
Druck und Bindung: Print Consult GmbH, München

Printed in EU.
ISBN: 978-3-12-561626-4

Inhalt

So benutzt Du dieses Buch ... 4
Lerntipps ... 6
Grammatikbegriffe im Überblick ... 8

Grammatik ... **9**
Das Présent (Präsens) ... 9
Das Imparfait (Imperfekt) ... 13
Das Passé composé (Perfekt) ... 13
Das Plus-que-parfait (Plusquamperfekt) ... 15
Das Passé simple (Historisches Perfekt) ... 16
Das Futur composé (Nahe Zukunft) ... 16
Das Futur simple (Futur I) ... 17
Das Futur antérieur (Futur II) ... 17
Das Conditionnel présent (Konditional I) ... 18
Das Conditionnel passé (Konditional II) ... 19
Das Participe présent (Partizip Präsens) ... 19
Das Participe passé (Partizip Perfekt) ... 19
Das Gerundium ... 20
Der Imperativ (Befehlsform) ... 20
Der Subjonctif ... 21
Der Subjonctif passé ... 22
Das Passiv ... 23

Konjugationstabellen ... **24**
Hilfsverb avoir ... 24
Hilfsverb être ... 25
Verben der 1. Konjugationsgruppe ... 26
Verben der 2. Konjugationsgruppe ... 40
58 unregelmäßige Verben in alphabetischer Folge (1. - 3. Gruppe) ... 41
Reflexives Musterverb: se lever ... 100
Passiv: être élu ... 101
Unvollständige Verben ... 102

Präpositionen der häufigsten Verben ... **107**

Übungen ... **115**
1. Lernjahr ... 116
2. Lernjahr ... 126
3. Lernjahr ... 138
4. Lernjahr ... 149

Abschlusstest ... **161**
1. Lernjahr ... 162
2. Lernjahr ... 166
3. Lernjahr ... 170
4. Lernjahr ... 174

Lösungen ... **179**

Alphabetische Verbliste Französisch - Deutsch ... **187**

So benutzt Du dieses Buch

Du willst schnell eine bestimmte Zeitform nachschlagen, einfach nur einige Verben wiederholen und üben oder Du bist Dir vielleicht bei einem besonders kniffligen Verb unsicher, wie die korrekte Zeitform lautet?
Mit den PONS Schüler-Verbtabellen Französisch geht das alles ganz einfach:

- Ab **S. 24** findest Du übersichtliche **Konjugationstabellen** zu 75 regelmäßigen und unregelmäßigen französischen Verben, einem reflexiven Verb und zum Passiv. Hier findest Du blitzschnell die wichtigsten Zeitformen. Besonderheiten, auf die Du achten musst, sind farbig hervorgehoben. Am Ende findest Du noch eine Übersicht der **unvollständigen Verben (S. 102)** und der **Präpositionen der häufigsten Verben (S. 107)**.
- Mit einigen Extras geht das Zeitenlernen noch viel einfacher. Deshalb findest Du vor den Konjugationstabellen viele hilfreiche **Lerntipps (S. 6)** und eine **Kurzgrammatik (S. 9)** in der Du die wichtigsten Regeln zum Thema Verben und Zeiten immer schnell zur Hand hast.
- Im Anschluss an die Verbtabellen kannst Du im großen **Übungsteil (S. 115)** alle wichtigen Verben und Zeiten üben. Der Übungsteil ist nach Lernjahren sortiert - so kannst Du ganz gezielt Übungen aussuchen.
- Ganz zum Schluss kannst Du Dich nochmal unter Echtzeitbedingungen auf die nächste Klassenarbeit vorbereiten. Dafür findest Du einen großen **Abschlusstest (**ab **S. 161)** für Dein Lernjahr. Stell Dir einen Timer und bearbeite den Test wie in der Schule.

Die **Lösungen** zu allen Übungen und Abschlusstests findest Du ab **S. 179**.

So sind die Konjugationstabellen aufgebaut

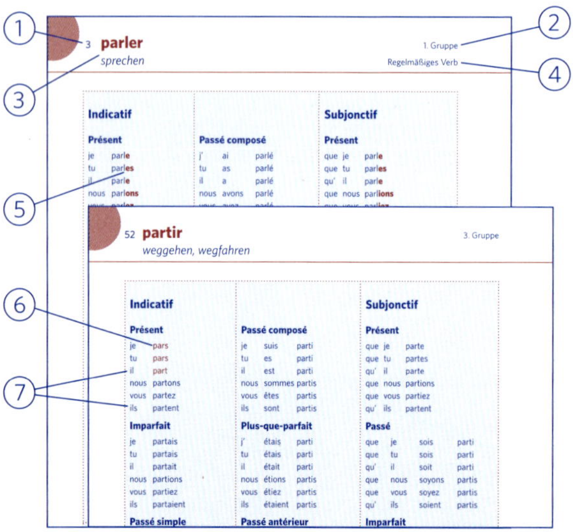

(1) Konjugationsnummer: Mit Hilfe dieser Nummer lassen sich alle in der Verbliste aufgeführten Verben dem jeweils entsprechenden Konjugationsmuster zuordnen.

(2) Verbgruppe: Gibt an, zu welcher der drei französischen Verbgruppen das Musterverb gehört: 1. Gruppe: Verben auf -er
2. Gruppe: Verben auf -ir mit Stammerweiterung
3. Gruppe: alle anderen Verben

(3) Musterverb mit Übersetzung: Verb, das exemplarisch für alle ähnlichen Verben (mit gleicher Konjugationsnummer) steht.

(4) Kurzcharakteristik: Merksatz zu den Besonderheiten / Unregelmäßigkeiten des Konjugationsmusters.

(5) Markierung der Endungen: Bei den regelmäßigen Musterverben der 1. Gruppe parler (Nr. 3) und der 2. Gruppe finir (Nr. 17) sind die Endungen – Kennzeichen dieser Verbgruppen – fett und rot hervorgehoben.

(6) Farbliche Hervorhebung: Alle Formen, die vom regelmäßigen Konjugationsschema abweichen, sind rot hervorgehoben.

(7) Verzicht auf feminine Formen: Aus Gründen der Übersichtlichkeit wird in der 3. Person Singular und Plural nur die maskuline Form des Personalpronomens (il, ils) angegeben.
Ebenso wurde bei den zusammengesetzten Zeiten der mit être konjugierten Verben lediglich die maskuline Form des Partizips aufgenommen (nous sommes allés anstatt nous sommes allé(e)s). Unter dem Participe passé ist jedoch stets dessen feminine Form angeführt – sofern es eine gibt.

Verwendete Abkürzungen

etw.	etwas	jdn.	jemanden
jd.	jemand	qc	quelque chose
jdm.	jemandem	qn	quelqu'un

Lerntipps: So lernst Du Verbkonjugationen

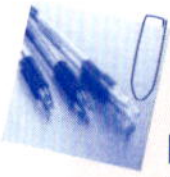

Mehrmals abschreiben

Hast Du Schwierigkeiten mit einer Konjugation? Dann schreibe das Verb mehrmals ab. So prägst Du Dir die Formen leichter ein. Markiere dann die Endungen und Besonderheiten einzelner Verbformen farbig.

Ähnliche Verben

Viele unregelmäßige Verben werden ähnlich konjugiert. Lerne sie immer gemeinsam!

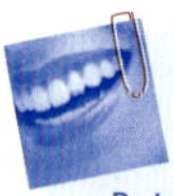

Tonfall ändern

Merke Dir Verbformen in Beispielsätzen und sprich die konjugierten Formen mit dem zum Verb passenden Tonfall. Das Verb *hassen* sprichst Du dann natürlich völlig anders als z. B. das Verb *lieben*.

Beispielsätze

Neue Wendungen und Verben lernst Du besser, wenn Du sie gleich in einem Beispielsatz gebrauchst.
Am besten ist ein Zusammenhang, der mit Deinem eigenen Leben zu tun hat, denn das kannst Du Dir gut merken.
Du kannst zum Beispiel Deine morgendlichen Aktivitäten vor der Schule durchgehen.

Textstellen markieren

Das Markieren von Textstellen oder Wörtern ermöglicht es Dir, verschiedene Aspekte einer Fremdsprache gezielt zu üben. So kannst Du zum Beispiel eine Zeitform, die Du gerade gelernt hast, im Text markieren und in den unterschiedlichen Zusammenhängen lernen.

Antonyme und Synonyme

Lerne Verben immer gleich mit dem Gegenteil (z. B. *nehmen ≠ geben*) oder mit einem gleichbedeutenden Wort (z. B. *nehmen = ergreifen*).
So erweiterst Du schnell Deinen Wortschatz.

Verben + Präpositionen

Wenn ein Verb eine bestimmte Präposition braucht, dann lernst Du diese immer mit – am besten in einem Satz.

Mehrmals pro Woche lernen

Setze Dir beim Sprachenlernen realistische Ziele. Es braucht Zeit, eine Sprache zu lernen – also nimm Dir nicht zu viel vor! Lieber mehrmals pro Woche eine halbe Stunde, als nur einmal 5 Stunden.

Mit Bildern lernen

Mit Bildern, die Dir besonders auffallen oder gefallen, kannst Du wunderbar Wörter und Wendungen lernen. Bilder findest Du überall: in Zeitschriften, Prospekten und Kalendern. Wenn Dir ein Bild besonders gefällt, schneide es aus, klebe es in Dein Vokabelheft und schreibe dann auf, was Dir dazu einfällt. Das können Gedanken, Überlegungen oder aber auch nur einzelne Wörter sein.

Vokabelkärtchen

Auch Verbformen kannst Du wie Vokabeln mit Vokabelkärtchen lernen. Schreibe Dir dazu je eine Verbform auf ein Kärtchen und den Infinitiv mit Beschreibung der Verbform auf die Rückseite. Du musst dabei nicht alle Verbformen verwenden - wähle einfach die aus, die am häufigsten sind und Dir am schwersten fallen. Teste nun Deine Kenntnisse, indem Du immer die Seite mit dem Infinitiv ansiehst und die passende Form dazu bildest.

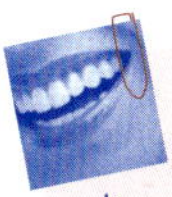

Vorsingen

Wenn Du musikalisch bist, kannst Du vielleicht leichter lernen, wenn Du kleine Melodien erfindest und die unterschiedlichen Verben vorsingst. Mach einfach Dein ganz persönliches Casting und probiere mal aus, wie ein Verb als Rap oder als Ballade klingt. So prägst Du Dir vor allem häufige Muster gut ein!

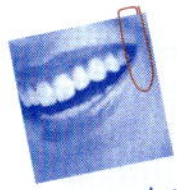

Sich aufnehmen

Wenn Du zu den Menschen gehörst, die gut durch Hören lernen können, dann höre Dir selbst zu! Nimm Dich z.B. am PC selbst auf und höre Dir immer wieder selbst zu. Du kannst bei der Aufnahme auch Pausen machen. Dann kannst Du später in diesen Pausen das Gehörte auch nachsprechen.

Würfeln

Unregelmäßige Verben kannst Du üben, indem Du würfelst. Du brauchst dazu zwei sechsseitige Würfel.
Einen Würfel musst Du ein bisschen bearbeiten und auf jede Würfelseite ein Stück Papier mit einer anderen Zeitform kleben. Denke Dir nun ein unregelmäßiges Verb und würfle mit beiden Würfeln.
Der normale Würfel gibt die Person vor (z. B. 1 - *ich*; 2 - *du*; 3 - *er, sie, es*; 4 - *wir*; 5 - *ihr*; 6 - *sie*), der Zeitenwürfel die entsprechende Zeitform. Bilde die korrekte Form und auf zur nächsten Runde!

Memory

Bastle Memory-Kärtchen!
Die Paare können aus *Infinitiv- und Partizipformen* oder aus *Präsens- und Vergangenheitsformen* etc. bestehen, je nachdem, was Du besonders üben willst. Du findest bestimmt noch Freunde und Klassenkameraden die mitspielen wollen. Das macht Spaß und so werdet ihr nebenher auch fit für die nächste Klassenarbeit oder den nächsten Test!

Grammatikbegriffe im Überblick

Französisch	*Latein*	*Deutsch*
accent circonflexe	Zirkumflex	-
auxiliaire	Hilfsverb	Hilfszeitwort
cédille	Cedille	-
conditionnel passé	≈ Konditional II	Bedingungsform II
conditionnel présent	≈ Konditional I	Bedingungsform I
conjugaison	Konjugation	Beugung des Zeitworts
consonne	Konsonant	Mitlaut
désinence	-	Endung
féminin	feminin	weiblich
futur antérieur	Futur II	vollendete Zukunft
futur simple	Futur I	Zukunft
imparfait	≈ Imperfekt	unvollendete Vergangenheit
impératif	Imperativ	Befehlsform
indicatif	Indikativ	Wirklichkeitsform
infinitif	Infinitiv	Grundform des Zeitworts
masculin	maskulin	männlich
participe passé	Partizip Perfekt	Mittelwort der Vergangenheit
participe présent	Partizip Präsens	Mittelwort der Gegenwart
passé antérieur	≈ Plusquamperfekt II	Vorvergangenheit II
passé composé	≈ Perfekt	vollendete Gegenwart
passé simple	≈ historisches Perfekt	-
passif	Passiv	Leideform
pluriel	Plural	Mehrzahl
plus-que-parfait	Plusquamperfekt I	Vorvergangenheit I
préposition	Präposition	Verhältniswort
présent	Präsens	Gegenwart
pronom	Pronomen	Fürwort
pronom personnel	Personalpronomen	persönliches Fürwort
radical	-	Stamm
singulier	Singular	Einzahl
subjonctif	-	-
temps composé	-	zusammengesetzte Zeit
temps simple	-	einfache Zeit
terminaison	-	Endung
tréma	Trema	-
verbe	Verb	Zeitwort
verbe défectif	defektives Verb	unvollständiges Zeitwort
verbe impersonnel	unpersönliches Verb	unpersönliches Zeitwort
verbe irrégulier	unregelmäßiges Verb	unregelmäßiges Zeitwort
verbe pronominal	reflexives Verb	rückbezügliches Zeitwort
verbe régulier	regelmäßiges Verb	regelmäßiges Zeitwort
voix passive	Passiv	Leideform
voyelle	Vokal	Selbstlaut

Das Présent (Präsens)

Die Formen der Verben auf *-er*

Die regelmäßigen Verben auf *-er*

Die Verben auf -er machen 90 % der französischen Verben aus und haben die Endungen -e, -es, -e, -ons, -ez, -ent.

Allerdings kann man in der gesprochenen Sprache nur die Endungen -ons und -ez hören, da alle anderen Endungen fast stumm sind.

parler	
je	parle
tu	parles
il / elle / on	parle
nous	parlons
vous	parlez
ils / elles	parlent

Die Verben auf *-er* mit Besonderheiten in der Schreibweise

1. Bei Verben auf -cer und -ger verändert sich vor -o das -c- zu -ç- und das -g- zu -ge-.

commencer		**manger**	
je	commence	je	mange
tu	commences	tu	manges
il / elle / on	commence	il / elle / on	mange
nous	commençons	nous	mangeons
vous	commencez	vous	mangez
ils / elles	commencent	ils / elles	mangent

2. Bei Verben auf -ayer, -oyer und -uyer wird das -y- in den stammbetonten Formen zu -i- (bei Verben auf -ayer existieren aber auch die Formen mit -y-).

payer		**nettoyer**		**essuyer**	
je	paie / paye	je	nettoie	j'	essuie
tu	paies / payes	tu	nettoies	tu	essuies
il / elle / on	paie / paye	il / elle / on	nettoie	il / elle / on	essuie
nous	payons	nous	nettoyons	nous	essuyons
vous	payez	vous	nettoyez	vous	essuyez
ils / elles	paient / payent	ils / elles	nettoient	ils / elles	essuient

Die Verben auf *-er* mit stamm- und endungsbetonten Formen

Bei Verben mit stammbetonten und endungsbetonten Formen sind immer:
- stammbetont: 1., 2. und 3. Person Singular und 3. Person Plural
- endungsbetont: 1. und 2. Person Plural.

1. acheter		**2. jeter**		**3. préférer**	
j'	achète	je	jette	je	préfère
tu	achètes	tu	jettes	tu	préfères
il / elle / on	achète	il / elle / on	jette	il / elle / on	préfère
nous	achetons	nous	jetons	nous	préférons
vous	achetez	vous	jetez	vous	préférez
ils / elles	achètent	ils / elles	jettent	ils / elles	préfèrent

Zu 1:
Bei manchen Verben mit stamm- und endungsbetonten Formen (acheter, enlever, lever, mener, peser...) erhält das -e- des Stamms einen Akzent, wenn man die Endung fast nicht hört.

Zu 2:
Bei manchen Verben mit stamm- und endungsbetonten Formen (jeter, s'appeler, se rappeler, épeler, projeter...) wird das -t- des Stamms verdoppelt, wenn man die Endung fast nicht hört.

Zu 3:
Bei Verben auf -é...er (préférer, compléter, espérer, répéter, exagérer...) erhält das -e- des Stamms einen Accent grave (-è-), wenn man die Endung fast nicht hört.

Die Formen der Verben auf *-ir*

Die Verben auf -ir werden in Verben mit und ohne Stammerweiterung unterteilt. Insgesamt gibt es ungefähr 300 Verben, die auf -ir enden. Lerne bei jedem Verb, das auf -ir endet, gleich mit, ob es sich um ein Verb mit oder ohne Stammerweiterung handelt.

Die Verben auf *-ir* mit Stammerweiterung

Die Verben auf -ir mit Stammerweiterung haben im Präsens folgende Endungen:
-s, -s, -t, -ons, -ez, -ent.

Außerdem wird in der 1., 2. und 3. Person Plural -iss- vor der Endung eingefügt.

finir	
je	finis
tu	finis
il / elle / on	finit
nous	finissons
vous	finissez
ils / elles	finissent

Die Verben auf *-ir* ohne Stammerweiterung

Die Verben auf -ir ohne Stammerweiterung haben im Präsens die gleichen Endungen (ohne -iss-) wie die Verben mit Stammerweiterung: -s, -s, -t, -ons, -ez, -ent.

In der 1., 2. und 3. Person Singular fällt der Endkonsonant des Stamms weg.

partir	
je	pars
tu	pars
il / elle / on	part
nous	partons
vous	partez
ils / elles	partent

Die Formen der Verben auf *-re*

Diese Verbgruppe umfasst ungefähr 180 Verben, von denen viele unregelmäßig sind. Es ist deshalb ratsam, zu jedem neu gelernten Verb die Konjugation gleich mitzulernen.

1. lire		**2. attendre**	
je	lis	j'	attends
tu	lis	tu	attends
il / elle / on	lit	il / elle / on	attend
nous	lisons	nous	attendons
vous	lisez	vous	attendez
ils / elles	lisent	ils / elles	attendent

Zu 1:
Die Verben auf -re werden zwar meist mit diesen Endungen konjugiert, sie haben aber oft einen unregelmäßigen Stamm, so dass man jedes Verb einzeln lernen muss.

Zu 2:
Bei den Verben auf -dre fällt die Endung -t der 3. Person Singular fort.

Die unregelmäßigen Verben

Die unregelmäßigen Verben findest Du von A bis Z sortiert in den Konjugationstabellen ab Seite 41.

Die reflexiven Verben

Die reflexiven Verben haben ein Reflexivpronomen bei sich, das sich auf das Subjekt bezieht. Ansonsten werden sie wie alle anderen Verben behandelt.

Die Reflexivpronomen lauten me, te, se, nous, vous und se.
Me, te und se werden vor Vokal oder stummem h zu m', t' und s'.

Im Gegensatz zum Deutschen stehen die Reflexivpronomen im Französischen vor dem konjugierten Verb:

se laver			**s'habiller**		
je	me	lave	je	m'	habille
tu	te	laves	tu	t'	habilles
il / elle / on	se	lave	il / elle / on	s'	habille
nous	nous	lavons	nous	nous	habillons
vous	vous	lavez	vous	vous	habillez
ils / elles	se	lavent	ils / elles	s'	habillent

Der Gebrauch des Présent

Das Présent wird benutzt, um:

- Vorgänge oder Zustände in der Gegenwart auszudrücken:
  Il fait les courses. — *Er kauft ein.*
  Il a beaucoup d'argent. — *Er hat viel Geld.*
- Wiederholungen und Gewohnheiten zu bezeichnen:
  Tous les jours, je me lève à 6 heures. — *Ich stehe jeden Tag um 6 Uhr auf.*
  Il ne prend jamais de petit-déjeuner. — *Er frühstückt nie.*
- allgemein gültige Dinge zu beschreiben:
  Paris est la capitale de la France. — *Paris ist die Hauptstadt Frankreichs.*

Das Imparfait (Imperfekt)

Bildung des Imparfait:
Stamm der 1. Person Plural Präsens + Endungen -ais, -ais, -ait, -ions, -iez, -aient

regarder	
je	regardais
tu	regardais
il / elle / on	regardait
nous	regardions
vous	regardiez
ils / elles	regardaient

Das Imparfait ist eine lernerfreundliche Zeit, weil nur être unregelmäßig ist:
j'étais, tu étais, il / elle / on était, nous étions, vous étiez, ils / elles étaient

Das Imparfait wird benutzt, um:

- Beschreibungen in der Vergangenheit zu geben:
  Le restaurant était bon marché. — *Das Restaurant war preiswert.*
  Il pleuvait toute la journée. — *Es regnete den ganzen Tag.*
- Zustände in der Vergangenheit zu beschreiben:
  Autrefois, on n'avait pas de voitures. — *Damals hatte man keine Autos.*
- gewohnheitsmäßige Handlungen in der Vergangenheit auszudrücken:
  Quand j'étais petite, je jouais dans le jardin. — *Als ich klein war, spielte ich im Garten.*

Das Passé composé (Perfekt)

Die Formen des Passé composé mit avoir und être

Bildung des Passé composé:
Präsensform von avoir / être + Participe passé des Verbs

parler			**arriver**		
j'	ai	parlé	je	suis	arrivé / arrivée
tu	as	parlé	tu	es	arrivé / arrivée
il / elle / on	a	parlé	il / elle / on	est	arrivé / arrivée / arrivé(e)s
nous	avons	parlé	nous	sommes	arrivés / arrivées
vous	avez	parlé	vous	êtes	arrivés / arrivées
ils / elles	ont	parlé	ils / elles	sont	arrivés / arrivées

Zur Bildung des Participe passé siehe S. 19.

Avoir oder être?

Avoir und être werden im Passé composé anders verwendet als *haben* und *sein* im deutschen Perfekt:

J'ai été à la piscine. *Ich bin im Schwimmbad gewesen.*

J'ai beaucoup voyagé. *Ich bin viel gereist.*

1. Die meisten Verben bilden das Passé composé mit avoir:
   j'***ai*** préparé, j'***ai*** mangé, ...

2. Einige wenige Verben bilden das Passé composé mit être:
   - manche Verben der Bewegungsrichtung oder des Verweilens:
     aller, arriver, entrer, partir, rester, rentrer, tomber, venir und revenir
   - naître, devenir, mourir und décéder
   - alle reflexiven Verben: elle s'**est** réveillée, elle s'**est** levée, ...

     Vorsicht, wenn ein direktes Objekt folgt, wird das Partizip nicht angeglichen!
     Elle s'est lavée. *Sie hat sich gewaschen.*
     aber: Elle s'est lavé les mains. *Sie hat sich die Hände gewaschen.*

3. Einige wenige Verben bilden das Passé composé mit avoir und être wie monter, descendre, sortir, entrer und rentrer; sie bilden das Passé composé:
   - in der Regel mit être:
     Elle est descendue du train. *Sie ist aus dem Zug ausgestiegen.*
   - mit avoir, wenn ihnen ein direktes Objekt folgt:
     Elle a descendu la valise du train. *Sie hat den Koffer aus dem Zug getragen.*

Veränderlichkeit des Partizips bei der Bildung des Passé composé

Wird das Passé composé mit être gebildet, so gleicht sich das Partizip in Geschlecht und Zahl dem Subjekt des Satzes an:

Elle est allée à la plage. *Sie ist an den Strand gegangen.*

Bezieht sich das Partizip auf ein Subjekt, das aus unterschiedlichem Genus besteht, so richtet es sich nach dem Männlichen:

Frédéric et Sophie sont partis en vacances. *Frédéric und Sophie sind in Urlaub gefahren.*

Das mit avoir verbundene Participe passé bleibt bei der Bildung des Passé composé in der Regel unverändert: nous ***avons vu***.

Geht dem Verb jedoch ein direktes Objekt voraus, so wird das Partizip in Geschlecht und Zahl dem direkten Objekt angeglichen.

Das direkte Objekt kann ein direktes Objektpronomen, z. B. me, te, le, la, nous, vous oder les, sein. Es kann aber auch in Form des Relativpronomens que vorausgehen.

Est-ce que vous avez vu Julie ?	*Haben Sie Julie gesehen?*
Oui, nous l'avons vue.	*Ja, wir haben sie gesehen.*
C'est Julie que nous avons vue.	*Ja, Julie haben wir gesehen.*

Der Gebrauch des Passé composé

Das Passé composé wird benutzt, um:

- einmalige Handlungen und Ereignisse in der Vergangenheit zu erzählen:

Hier, je suis allé au cinéma.	*Gestern bin ich ins Kino gegangen.*
Je suis née le 10 mars 1962.	*Ich bin am 10. März 1962 geboren.*

- aufeinander folgende Handlungen, so genannte Handlungsketten, in der Vergangenheit zu erzählen:

La semaine dernière, Pierre est allé à Strasbourg. Il a fait des courses. Vers 20 heures, il est rentré.	*Letzte Woche ist Pierre nach Straßburg gefahren. Er hat eingekauft. Gegen 20 Uhr ist er zurückgekommen.*

Das Plus-que-parfait (Plusquamperfekt)

Bildung des Plus-que-parfait:
Imparfait von avoir / être + Participe passé des Verbs

lire			**rester**		
j'	avais	lu	j'	étais	resté / restée
tu	avais	lu	tu	étais	resté / restée
il / elle / on	avait	lu	il / elle / on	était	resté / restée / resté(e)s
nous	avions	lu	nous	étions	restés / restées
vous	aviez	lu	vous	étiez	restés / restées
ils / elles	avaient	lu	ils / elles	étaient	restés / restées

Die Regeln zur Angleichung des Participe passé findest Du beim Passé composé (S. 14 f.). Dort siehst Du auch, wann das Plusquamperfekt mit avoir und wann mit être gebildet wird.

Das Plus-que-parfait wird wie im Deutschen gebraucht. Es wird benutzt, um ein Ereignis oder einen Zustand zu bezeichnen, der vor einem anderen Geschehen oder Zustand in der Vergangenheit bereits abgeschlossen war:

Il voulait rendre visite à Christine, mais elle était déjà partie.	*Er wollte Christine besuchen, aber sie war schon weggegangen.*

Das Passé simple (Historisches Perfekt)

Bildung des Passé simple:

- regelmäßige Verben auf -er: Infinitivstamm + -ai, -as, -a, -âmes, -âtes, -èrent
- regelmäßige Verben auf -re und -ir: Infinitivstamm + -is, -is, -it, -îmes, -îtes, -irent
- Einige meist unregelmäßige Verben, so z. B. Verben auf -oire oder -oir, haben folgende Endungen: -us, -us, -ut, -ûmes, -ûtes, -urent.

	parler	**attendre**	**choisir**	**croire**
je / j'	parlai	attendis	choisis	crus
tu	parlas	attendis	choisis	crus
il / elle / on	parla	attendit	choisit	crut
nous	parlâmes	attendîmes	choisîmes	crûmes
vous	parlâtes	attendîtes	choisîtes	crûtes
ils / elles	parlèrent	attendirent	choisirent	crurent

Alle anderen unregelmäßigen Formen kannst Du den Konjugationstabellen entnehmen.

Im Deutschen existiert das Passé simple nicht.
Im modernen Französisch der Gegenwart wird das Passé simple immer seltener - fast nur in der geschriebenen Sprache - gebraucht. Es kommt hauptsächlich in literarischen Texten (Romanen, Märchen, Erzählungen), in historischen Texten (Geschichtsbüchern, Biographien) und in Zeitungsartikeln vor. Daher reicht es, wenn Du seine Formen wiedererkennen und passiv verstehen kannst.

Das Passé simple hat eine ähnliche Funktion wie das Passé composé und wird verwendet, um Folgendes zu erzählen:

- einmalige Handlungen und Ereignisse in der Vergangenheit:
  Napoléon naquit en 1769. — *Napoleon wurde 1769 geboren.*
  Il devint empereur en 1804. — *Er wurde 1804 Kaiser.*
- aufeinander folgende Handlungen, Handlungsketten in der Vergangenheit:
  Elle alla au bar. — *Sie ging in die Bar.*
  Là, elle but un café crème. — *Dort trank sie einen Milchkaffee.*

Das Futur composé (Nahe Zukunft)

Bildung des Futur composé:
Präsensform von aller + Infinitiv des jeweiligen Verbs:
je vais aller, tu vas chercher, il va prendre, nous allons rester, vous allez boire, ils vont faire

Das Futur composé wird verwendet, um Handlungen in der Zukunft bzw. nahen Zukunft zum Ausdruck zu bringen:

Qu'est-ce que tu vas faire maintenant ? — *Was wirst Du jetzt machen?*
Je vais me coucher. — *Ich werde mich hinlegen.*

Es wird in der gesprochenen Sprache häufig verwendet.

Das Futur simple (Futur I)

Bildung der Endungen des Futur simple:
-r- + Präsensformen von avoir, außer bei nous und vous:
-rai, -ras, -ra, -rons, -rez, -ront

Bildung des Futur simple:

- Verben auf -er: 1. Person Singular Präsens + Futurendungen
  Achte besonders auf espérer: tu esp**é**reras!
- Verben auf -re: Infinitivstamm + Futurendungen
- Verben auf -ir : Infinitiv ohne -r- + Futurendungen

regarder		**attendre**		**finir**	
je	regarderai	j'	attendrai	je	finirai
tu	regarderas	tu	attendras	tu	finiras
il / elle / on	regardera	il / elle / on	attendra	il / elle / on	finira
nous	regarderons	nous	attendrons	nous	finirons
vous	regarderez	vous	attendrez	vous	finirez
ils / elles	regarderont	ils / elles	attendront	ils / elles	finiront

Bei den unregelmäßigen Formen verändern sich die Stämme, die Futurendungen bleiben erhalten. Du findest sie in den Konjugationstabellen!

Das Futur simple steht:

- um künftige Ereignisse auszudrücken, auch wenn dafür im Deutschen hin und wieder das Präsens gebraucht wird:
  Demain, je lirai un livre. *Morgen werde ich ein Buch lesen.*
  J'espère que tu viendras demain. *Ich hoffe, dass Du morgen kommen wirst.*
- im Hauptsatz eines realen Bedingungssatzes:
  Si tu réussis au bac, tu feras des études. *Wenn Du das Abi bestehst, wirst Du studieren.*

In der Regel wird das Futur simple in der geschriebenen Sprache verwendet.

Das Futur antérieur (Futur II)

Bildung des Futur antérieur:
Futur simple von avoir / être + Participe passé des Verbs

parler			**arriver**		
j'	aurai	parlé	je	serai	arrivé / arrivée
tu	auras	parlé	tu	seras	arrivé / arrivée
il / elle / on	aura	parlé	il / elle / on	sera	arrivé / arrivée / arrivé(e)s
nous	aurons	parlé	nous	serons	arrivés / arrivées
vous	aurez	parlé	vous	serez	arrivés / arrivées
ils / elles	auront	parlé	ils / elles	seront	arrivés / arrivées

Das Futur antérieur wird verwendet, um eine Handlung in der Zukunft auszudrücken, die bereits vor einem anderen zukünftigen Ereignis abgeschlossen ist:

Demain, je me reposerai quand j'aurai terminé mon travail. — *Morgen werde ich mich ausruhen, wenn ich meine Arbeit erledigt haben werde.*

Das Conditionnel présent (Konditional I)

Bildung der Endungen des Conditionnel présent:
-r- + Imparfait-Endungen: -rais, -rais, -rait, -rions, -riez, -raient

Bildung des Conditionnel présent:
- Verben auf -er: 1. Person Singular Präsens + Conditionnel-Endungen
  Achte besonders auf espérer: tu esp**é**rerais!
- Verben auf -re: Infinitivstamm + Conditionnel-Endungen
- Verben auf -ir: Infinitiv ohne -r- + Conditionnel-Endungen

regarder		**attendre**		**finir**	
je	regarderais	j'	attendrais	je	finirais
tu	regarderais	tu	attendrais	tu	finirais
il / elle / on	regarderait	il / elle / on	attendrait	il / elle / on	finirait
nous	regarderions	nous	attendrions	nous	finirions
vous	regarderiez	vous	attendriez	vous	finiriez
ils / elles	regarderaient	ils / elles	attendraient	ils / elles	finiraient

Bei den unregelmäßigen Formen verändern sich die Stämme, die Endungen des Conditionnel présent bleiben jedoch erhalten. Details findest Du in den Konjugationstabellen.

Das Conditionnel présent steht:

- bei Ratschlägen, Wünschen, Bitten, Möglichkeiten, Vermutungen:
  À ta place, j'achèterais une voiture. — *An Deiner Stelle würde ich ein Auto kaufen.*
  Il aimerait avoir un chien. — *Er hätte gerne einen Hund.*
  Pourriez-vous m'aider ? — *Könnten Sie mir helfen?*
  On pourrait faire une excursion. — *Wir könnten einen Ausflug machen.*
  Gavarnie serait à 100 km d'ici. — *Gavarnie soll 100 km entfernt sein.*

- im Hauptsatz eines irrealen Bedingungssatzes:
  Si j'étais riche, je ne travaillerais pas. — *Wenn ich reich wäre, würde ich nicht arbeiten.*

Das Conditionnel passé (Konditional II)

Bildung des Conditionnel passé:
Conditionnel présent von avoir / être + Participe passé des Verbs

parler			**arriver**		
j'	aurais	parlé	je	serais	arrivé / arrivée
tu	aurais	parlé	tu	serais	arrivé / arrivée
il / elle / on	aurait	parlé	il / elle / on	serait	arrivé / arrivée / arrivé(e)s
nous	aurions	parlé	nous	serions	arrivés / arrivées
vous	auriez	parlé	vous	seriez	arrivés / arrivées
ils / elles	auraient	parlé	ils / elles	seraient	arrivés / arrivées

Das Conditionnel passé steht im Hauptsatz eines irrealen Bedingungssatzes in der Vergangenheit:

Si j'avais été riche, j'aurais fait le tour du monde.
Wenn ich reich gewesen wäre, hätte ich eine Weltreise gemacht.

Das Participe présent (Partizip Präsens)

Bildung des Participe présent:
1. Person Plural Präsens (ohne -ons) + -ant: parlant, dormant, choisissant, ...
Ausnahmen: avoir → ayant, être → étant, savoir → sachant

Das Participe présent wird hauptsächlich in der Schriftsprache verwendet. Es wird anstelle eines Relativsatzes mit qui oder eines Kausalsatzes verwendet:

Elle regarde un film racontant (= qui raconte) la vie d'un étudiant.
Sie schaut sich einen Film an, der vom Leben eines Studenten erzählt.

Partant (= comme nous sommes partis) tôt, nous sommes arrivés à l'heure.
Da wir früh losgefahren sind, sind wir pünktlich angekommen.

Das Participe passé (Partizip Perfekt)

Bildung des Participe passé:

- Verben auf -er: Endung des Infinitivs -er wird durch -é ersetzt: parl***é***
- Verben auf -ir: Endung des Infinitivs -ir wird durch -i ersetzt: dorm***i***, chois***i***
- Verben auf -re: Endung des Infinitivs -re wird durch -u ersetzt: attend***u***

Die wichtigsten unregelmäßigen Partizipien findest Du in den einzelnen Konjugationstabellen!

Das Gerundium

Bildung des unveränderlichen Gerundiums:
Präposition en + Participe présent des Verbs:
en étant, en ayant, en regardant, en attendant, en dormant, en finissant, ...

Das Deutsche kennt das Gerundium nicht. Im Französischen wird es sowohl in der gesprochenen als auch in der geschriebenen Sprache verwendet, um Sätze zu verkürzen. Es kann einem zweiten Hauptsatz oder einem Nebensatz entsprechen.

Das Gerundium kann:

- anstelle eines Temporalsatzes die Gleichzeitigkeit zweier Geschehnisse zum Ausdruck bringen:
  En travaillant (= pendant qu'il travaille), il pense aux congés. — *Während er arbeitet, denkt er an den Urlaub.*
- für einen Bedingungssatz stehen:
  En regardant (= s'il regarde) la télé, il ne pourra pas lire de livre. — *Wenn er fernsieht, wird er kein Buch lesen können.*
- für einen Modalsatz stehen, der die Art und Weise ausdrückt:
  Elle a gagné beaucoup d'argent en travaillant comme mannequin. — *Sie hat als Model viel Geld verdient.*

Der Imperativ (Befehlsform)

- Befehl an eine Person: Du-Form = 1. Person Singular Präsens der Verben
- Befehl an eine Gruppe, der man selbst angehört: Wir-Form = 1. Person Plural Präsens
- Befehl an eine Person, die man siezt, oder an mehrere Personen, die man duzt: Sie-Form bzw. Ihr-Form = 2. Person Plural Präsens

Befehl / Aufforderung Infinitiv	Du-Form	Wir-Form	Sie-Form / Ihr-Form
parler	parle	parlons	parlez
descendre	descends	descendons	descendez
dormir	dors	dormons	dormez
choisir	choisis	choisissons	choisissez
faire	fais	faisons	faites

Ausnahmen: avoir → aie, ayons, ayez; être → sois, soyons, soyez;
savoir → sache, sachons, sachez

Der Subjonctif

Endungen des Subjonctif présent:
Die Endungen der 1. und 2. Person Plural sind Dir vom Imparfait her vertraut, die restlichen Endungen entsprechen dem Präsens der Verben auf -er:
-e, -es, -e, -ions, -iez, -ent.
Sie gelten für sämtliche regelmäßigen und unregelmäßigen Verben.

Bildung des Subjonctif présent:
Stamm der 3. Person Plural Präsens + Subjonctif-Endungen

Il veut que j'	attende.
Il veut que tu	attendes.
Il veut qu'il / elle / on	attende.
Il veut que nous	attendions.
Il veut que vous	attendiez.
Il veut qu'ils / elles	attendent.

Der französische Subjonctif darf nicht mit dem deutschen Konjunktiv gleichgesetzt werden.

Der Subjonctif steht im Nebensatz, der durch que eingeleitet wird:

- nach Verben des Wünschens, Verlangens, Wollens und Verbietens (aimer que, attendre que, demander que, interdire que, vouloir que, ...):
  Il veut que tu viennes le voir. — *Er will, dass Du ihn besuchst.*
- nach Verben des Vorschlagens, Zustimmens, Ablehnens und Verhinderns (accepter que, empêcher que, proposer que, refuser que, ...):
  Je propose que nous allions à la piscine. — *Ich schlage vor, dass wir ins Schwimmbad gehen.*
- nach Verben und Ausdrücken des subjektiven Empfindens und der wertenden Stellungnahme (admirer que, avoir honte que, comprendre que, craindre que, ...). Der que-Satz ist in diesem Fall nur möglich, wenn der einleitende Satz und der que-Satz verschiedene Subjekte haben:
  Ne crains-tu pas qu'il prenne froid ? — *Fürchtest Du nicht, dass er sich erkältet?*
- nach Ausdrücken und Verben des Meinens und Denkens, die verneint sind (ne pas croire que, ne pas espérer que, ne pas trouver que, ...):
  Je ne crois pas qu'il vienne. — *Ich glaube nicht, dass er kommt.*
- nach Ausdrücken und Verben des Bezweifelns (douter que, contester que, nier que, ...):
  Je doute que tu aies raison. — *Ich bezweifle, dass Du Recht hast.*

- nach Ausdrücken mit être oder trouver + Adjektiv, die das subjektive Empfinden oder die wertende Stellungnahme zum Ausdruck bringen
(être content que, être déçu que, être désolé que, trouver mauvais que, ...):
Je trouve triste que vous ne puissiez pas venir. — *Ich finde es traurig, dass ihr nicht kommen könnt.*
- nach unpersönlichen Verben und unpersönlichen Ausdrücken (il est bizarre que, il est bon que, il est important que, il faut que, il importe que, il vaut mieux que, ...):
Il faut absolument que tu viennes. — *Du musst unbedingt kommen.*
- nach einigen Konjunktionen: à condition que, afin que, avant que ... (ne), bien que, de peur que ... (ne), de crainte que ... (ne), jusqu'à ce que, malgré que, pour que, pourvu que, quoique, sans que, supposé que:
Avant que tu partes, je vais t'embrasser. — *Bevor Du gehst, werde ich Dich küssen.*

Der Subjonctif steht auch in einem Relativsatz, wenn etwas als wünschenswert oder hypothetisch erachtet wird. Handelt es sich hingegen um eine Tatsache, so steht der Indikativ:
Il cherche une maison qui soit bon marché. — *Er sucht ein preiswertes Haus.*
aber:
Il a une maison qui est bon marché. — *Er hat ein preiswertes Haus.*

Der Subjonctif passé

Bildung des Subjonctif passé:
Subjonctif-Formen von avoir / être + Participe passé des Verbs

		travailler		**sortir**	
Il faut	que j' / je	aie	travaillé.	sois	sorti / sortie.
	que tu	aies	travaillé.	sois	sorti / sortie.
	qu'il / elle / on	ait	travaillé.	soit	sorti / sortie / sorti(e)s.
	que nous	ayons	travaillé.	soyons	sortis / sorties.
	que vous	ayez	travaillé.	soyez	sortis / sorties.
	qu'ils / elles	aient	travaillé.	soient	sortis / sorties.

Der Subjonctif passé steht im Nebensatz nach que (siehe oben), wenn der Hauptsatz in der Vergangenheit steht.

In der traditionellen Schriftsprache standen nach einer Zeit der Vergangenheit der Subjonctif imparfait, der sich in der Regel von der 2. Person Singular des Passé simple ableiten lässt, und der Subjonctif plus-que-parfait. In der gesprochenen Sprache kommen diese beiden Modi heute jedoch überhaupt nicht mehr vor, selbst in der gehobenen Schriftsprache wird meist nur noch die 3. Person Singular und Plural verwendet.

Das Passiv

Bildung des Passivs:
Formen von être + Participe passé des Verbs
Das Participe passé richtet sich dabei in Zahl und Geschlecht nach dem Subjekt des Satzes.

je	suis	interrogé / interrogée
tu	es	interrogé / interrogée
il / elle / on	est	interrogé / interrogée / interrogé(e)s
nous	sommes	interrogés / interrogées
vous	êtes	interrogés / interrogées
ils / elles	sont	interrogés / interrogées

Das Passiv kann in verschiedene Zeiten und Modi gesetzt werden:
être (im Präsens / Imparfait / Conditionnel / ...) + Participe passé des Verbs:
il a été / était / fut / sera / serait interrogé, il faut qu'il soit interrogé, ...

Der Urheber der Handlung wird einfach mit der Präposition par als präpositionale Ergänzung angeschlossen:
Il sera interrogé par la police. *Er wird von der Polizei verhört.*

1 avoir
haben

Indicatif

Présent

j'	ai
tu	as
il	a
nous	avons
vous	avez
ils	ont

Imparfait

j'	avais
tu	avais
il	avait
nous	avions
vous	aviez
ils	avaient

Passé simple

j'	eus
tu	eus
il	eut
nous	eûmes
vous	eûtes
ils	eurent

Futur simple

j'	aurai
tu	auras
il	aura
nous	aurons
vous	aurez
ils	auront

Passé composé

j'	ai	eu
tu	as	eu
il	a	eu
nous	avons	eu
vous	avez	eu
ils	ont	eu

Plus-que-parfait

j'	avais	eu
tu	avais	eu
il	avait	eu
nous	avions	eu
vous	aviez	eu
ils	avaient	eu

Passé antérieur

j'	eus	eu
tu	eus	eu
il	eut	eu
nous	eûmes	eu
vous	eûtes	eu
ils	eurent	eu

Futur antérieur

j'	aurai	eu
tu	auras	eu
il	aura	eu
nous	aurons	eu
vous	aurez	eu
ils	auront	eu

Subjonctif

Présent

que	j'	aie
que	tu	aies
qu'	il	ait
que	nous	ayons
que	vous	ayez
qu'	ils	aient

Passé

que	j'	aie	eu
que	tu	aies	eu
qu'	il	ait	eu
que	nous	ayons	eu
que	vous	ayez	eu
qu'	ils	aient	eu

Imparfait

que	j'	eusse
que	tu	eusses
qu'	il	eût
que	nous	eussions
que	vous	eussiez
qu'	ils	eussent

Plus-que-parfait

que	j'	eusse	eu
que	tu	eusses	eu
qu'	il	eût	eu
que	nous	eussions	eu
que	vous	eussiez	eu
qu'	ils	eussent	eu

Conditionnel

Présent

j'	aurais
tu	aurais
il	aurait
nous	aurions
vous	auriez
ils	auraient

Passé

j'	aurais	eu
tu	aurais	eu
il	aurait	eu
nous	aurions	eu
vous	auriez	eu
ils	auraient	eu

Impératif

aie
ayons
ayez

Participe

Présent	Passé
ayant	eu(e)

Indicatif

Présent

je suis
tu es
il est
nous sommes
vous êtes
ils sont

Imparfait

j' étais
tu étais
il était
nous étions
vous étiez
ils étaient

Passé simple

je fus
tu fus
il fut
nous fûmes
vous fûtes
ils furent

Futur simple

je serai
tu seras
il sera
nous serons
vous serez
ils seront

Passé composé

j' ai été
tu as été
il a été
nous avons été
vous avez été
ils ont été

Plus-que-parfait

j' avais été
tu avais été
il avait été
nous avions été
vous aviez été
ils avaient été

Passé antérieur

j' eus été
tu eus été
il eut été
nous eûmes été
vous eûtes été
ils eurent été

Futur antérieur

j' aurai été
tu auras été
il aura été
nous aurons été
vous aurez été
ils auront été

Subjonctif

Présent

que je sois
que tu sois
qu' il soit
que nous soyons
que vous soyez
qu' ils soient

Passé

que j' aie été
que tu aies été
qu' il ait été
que nous ayons été
que vous ayez été
qu' ils aient été

Imparfait

que je fusse
que tu fusses
qu' il fût
que nous fussions
que vous fussiez
qu' ils fussent

Plus-que-parfait

que j' eusse été
que tu eusses été
qu' il eût été
que nous eussions été
que vous eussiez été
qu' ils eussent été

Conditionnel

Présent

je serais
tu serais
il serait
nous serions
vous seriez
ils seraient

Passé

j' aurais été
tu aurais été
il aurait été
nous aurions été
vous auriez été
ils auraient été

Impératif

sois
soyons
soyez

Participe

Présent

étant
(unveränderlich)

Passé

été

Indicatif

Présent

je	parl**e**
tu	parl**es**
il	parl**e**
nous	parl**ons**
vous	parl**ez**
ils	parl**ent**

Imparfait

je	parl**ais**
tu	parl**ais**
il	parl**ait**
nous	parl**ions**
vous	parl**iez**
ils	parl**aient**

Passé simple

je	parl**ai**
tu	parl**as**
il	parl**a**
nous	parl**âmes**
vous	parl**âtes**
ils	parl**èrent**

Futur simple

je	parl**erai**
tu	parl**eras**
il	parl**era**
nous	parl**erons**
vous	parl**erez**
ils	parl**eront**

Passé composé

j'	ai	parlé
tu	as	parlé
il	a	parlé
nous	avons	parlé
vous	avez	parlé
ils	ont	parlé

Plus-que-parfait

j'	avais	parlé
tu	avais	parlé
il	avait	parlé
nous	avions	parlé
vous	aviez	parlé
ils	avaient	parlé

Passé antérieur

j'	eus	parlé
tu	eus	parlé
il	eut	parlé
nous	eûmes	parlé
vous	eûtes	parlé
ils	eurent	parlé

Futur antérieur

j'	aurai	parlé
tu	auras	parlé
il	aura	parlé
nous	aurons	parlé
vous	aurez	parlé
ils	auront	parlé

Subjonctif

Présent

que	je	parl**e**
que	tu	parl**es**
qu'	il	parl**e**
que	nous	parl**ions**
que	vous	parl**iez**
qu'	ils	parl**ent**

Passé

que	j'	aie	parlé
que	tu	aies	parlé
qu'	il	ait	parlé
que	nous	ayons	parlé
que	vous	ayez	parlé
qu'	ils	aient	parlé

Imparfait

que	je	parl**asse**
que	tu	parl**asses**
qu'	il	parl**ât**
que	nous	parl**assions**
que	vous	parl**assiez**
qu'	ils	parl**assent**

Plus-que-parfait

que	j'	eusse	parlé
que	tu	eusses	parlé
qu'	il	eût	parlé
que	nous	eussions	parlé
que	vous	eussiez	parlé
qu'	ils	eussent	parlé

Conditionnel

Présent

je	parl**erais**
tu	parl**erais**
il	parl**erait**
nous	parl**erions**
vous	parl**eriez**
ils	parl**eraient**

Passé

j'	aurais	parlé
tu	aurais	parlé
il	aurait	parlé
nous	aurions	parlé
vous	auriez	parlé
ils	auraient	parlé

Impératif

parl**e**
parl**ons**
parl**ez**

Participe

Présent	Passé
parl**ant**	parl**é(e)**

prier 4

beten, bitten

Indicatif

Présent

je	prie
tu	pries
il	prie
nous	prions
vous	priez
ils	prient

Imparfait

je	priais
tu	priais
il	priait
nous	priions
vous	priiez
ils	priaient

Passé simple

je	priai
tu	prias
il	pria
nous	priâmes
vous	priâtes
ils	prièrent

Futur simple

je	prierai
tu	prieras
il	priera
nous	prierons
vous	prierez
ils	prieront

Passé composé

j'	ai	prié
tu	as	prié
il	a	prié
nous	avons	prié
vous	avez	prié
ils	ont	prié

Plus-que-parfait

j'	avais	prié
tu	avais	prié
il	avait	prié
nous	avions	prié
vous	aviez	prié
ils	avaient	prié

Passé antérieur

j'	eus	prié
tu	eus	prié
il	eut	prié
nous	eûmes	prié
vous	eûtes	prié
ils	eurent	prié

Futur antérieur

j'	aurai	prié
tu	auras	prié
il	aura	prié
nous	aurons	prié
vous	aurez	prié
ils	auront	prié

Subjonctif

Présent

que	je	prie
que	tu	pries
qu'	il	prie
que	nous	priions
que	vous	priiez
qu'	ils	prient

Passé

que	j'	aie	prié
que	tu	aies	prié
qu'	il	ait	prié
que	nous	ayons	prié
que	vous	ayez	prié
qu'	ils	aient	prié

Imparfait

que	je	priasse
que	tu	priasses
qu'	il	priât
que	nous	priassions
que	vous	priassiez
qu'	ils	priassent

Plus-que-parfait

que	j'	eusse	prié
que	tu	eusses	prié
qu'	il	eût	prié
que	nous	eussions	prié
que	vous	eussiez	prié
qu'	ils	eussent	prié

Conditionnel

Présent

je	prierais
tu	prierais
il	prierait
nous	prierions
vous	prieriez
ils	prieraient

Passé

j'	aurais	prié
tu	aurais	prié
il	aurait	prié
nous	aurions	prié
vous	auriez	prié
ils	auraient	prié

Impératif

prie
prions
priez

Participe

Présent	Passé
priant	prié(e)

Indicatif

Présent

je	crée
tu	crées
il	crée
nous	créons
vous	créez
ils	créent

Imparfait

je	créais
tu	créais
il	créait
nous	créions
vous	créiez
ils	créaient

Passé simple

je	créai
tu	créas
il	créa
nous	créâmes
vous	créâtes
ils	créèrent

Futur simple

je	créerai
tu	créeras
il	créera
nous	créerons
vous	créerez
ils	créeront

Passé composé

j'	ai	créé
tu	as	créé
il	a	créé
nous	avons	créé
vous	avez	créé
ils	ont	créé

Plus-que-parfait

j'	avais	créé
tu	avais	créé
il	avait	créé
nous	avions	créé
vous	aviez	créé
ils	avaient	créé

Passé antérieur

j'	eus	créé
tu	eus	créé
il	eut	créé
nous	eûmes	créé
vous	eûtes	créé
ils	eurent	créé

Futur antérieur

j'	aurai	créé
tu	auras	créé
il	aura	créé
nous	aurons	créé
vous	aurez	créé
ils	auront	créé

Subjonctif

Présent

que	je	crée
que	tu	crées
qu'	il	crée
que	nous	créions
que	vous	créiez
qu'	ils	créent

Passé

que	j'	aie	créé
que	tu	aies	créé
qu'	il	ait	créé
que	nous	ayons	créé
que	vous	ayez	créé
qu'	ils	aient	créé

Imparfait

que	je	créasse
que	tu	créasses
qu'	il	créât
que	nous	créassions
que	vous	créassiez
qu'	ils	créassent

Plus-que-parfait

que	j'	eusse	créé
que	tu	eusses	créé
qu'	il	eût	créé
que	nous	eussions	créé
que	vous	eussiez	créé
qu'	ils	eussent	créé

Conditionnel

Présent

je	créerais
tu	créerais
il	créerait
nous	créerions
vous	créeriez
ils	créeraient

Passé

j'	aurais	créé
tu	aurais	créé
il	aurait	créé
nous	aurions	créé
vous	auriez	créé
ils	auraient	créé

Impératif

crée
créons
créez

Participe

Présent	Passé
créant	créé (créée)

annoncer 6

ankündigen

Indicatif

Présent

j'	annonce
tu	annonces
il	annonce
nous	annonçons
vous	annoncez
ils	annoncent

Imparfait

j'	annonçais
tu	annonçais
il	annonçait
nous	annoncions
vous	annonciez
ils	annonçaient

Passé simple

j'	annonçai
tu	annonças
il	annonça
nous	annonçâmes
vous	annonçâtes
ils	annoncèrent

Futur simple

j'	annoncerai
tu	annonceras
il	annoncera
nous	annoncerons
vous	annoncerez
ils	annonceront

Passé composé

j'	ai	annoncé
tu	as	annoncé
il	a	annoncé
nous	avons	annoncé
vous	avez	annoncé
ils	ont	annoncé

Plus-que-parfait

j'	avais	annoncé
tu	avais	annoncé
il	avait	annoncé
nous	avions	annoncé
vous	aviez	annoncé
ils	avaient	annoncé

Passé antérieur

j'	eus	annoncé
tu	eus	annoncé
il	eut	annoncé
nous	eûmes	annoncé
vous	eûtes	annoncé
ils	eurent	annoncé

Futur antérieur

j'	aurai	annoncé
tu	auras	annoncé
il	aura	annoncé
nous	aurons	annoncé
vous	aurez	annoncé
ils	auront	annoncé

Subjonctif

Présent

que	j'	annonce
que	tu	annonces
qu'	il	annonce
que	nous	annoncions
que	vous	annonciez
qu'	ils	annoncent

Passé

que	j'	aie	annoncé
que	tu	aies	annoncé
qu'	il	ait	annoncé
que	nous	ayons	annoncé
que	vous	ayez	annoncé
qu'	ils	aient	annoncé

Imparfait

que	j'	annonçasse
que	tu	annonçasses
qu'	il	annonçât
que	nous	annonçassions
que	vous	annonçassiez
qu'	ils	annonçassent

Plus-que-parfait

que	j'	eusse	annoncé
que	tu	eusses	annoncé
qu'	il	eût	annoncé
que	nous	eussions	annoncé
que	vous	eussiez	annoncé
qu'	ils	eussent	annoncé

Conditionnel

Présent

j'	annoncerais
tu	annoncerais
il	annoncerait
nous	annoncerions
vous	annonceriez
ils	annonceraient

Passé

j'	aurais	annoncé
tu	aurais	annoncé
il	aurait	annoncé
nous	aurions	annoncé
vous	auriez	annoncé
ils	auraient	annoncé

Impératif

annonce

annonçons

annoncez

Participe

Présent	Passé
annonçant	annoncé(e)

manger

essen

1. Gruppe

Achtung! Vor ***-a*** und ***-o*** wird ***-g-*** zu ***-ge-***.

Indicatif

Présent

je	mange
tu	manges
il	mange
nous	mangeons
vous	mangez
ils	mangent

Imparfait

je	mangeais
tu	mangeais
il	mangeait
nous	mangions
vous	mangiez
ils	mangeaient

Passé simple

je	mangeai
tu	mangeas
il	mangea
nous	mangeâmes
vous	mangeâtes
ils	mangèrent

Futur simple

je	mangerai
tu	mangeras
il	mangera
nous	mangerons
vous	mangerez
ils	mangeront

Passé composé

j'	ai	mangé
tu	as	mangé
il	a	mangé
nous	avons	mangé
vous	avez	mangé
ils	ont	mangé

Plus-que-parfait

j'	avais	mangé
tu	avais	mangé
il	avait	mangé
nous	avions	mangé
vous	aviez	mangé
ils	avaient	mangé

Passé antérieur

j'	eus	mangé
tu	eus	mangé
il	eut	mangé
nous	eûmes	mangé
vous	eûtes	mangé
ils	eurent	mangé

Futur antérieur

j'	aurai	mangé
tu	auras	mangé
il	aura	mangé
nous	aurons	mangé
vous	aurez	mangé
ils	auront	mangé

Subjonctif

Présent

que	je	mange
que	tu	manges
qu'	il	mange
que	nous	mangions
que	vous	mangiez
qu'	ils	mangent

Passé

que	j'	aie	mangé
que	tu	aies	mangé
qu'	il	ait	mangé
que	nous	ayons	mangé
que	vous	ayez	mangé
qu'	ils	aient	mangé

Imparfait

que	je	mangeasse
que	tu	mangeasses
qu'	il	mangeât
que	nous	mangeassions
que	vous	mangeassiez
qu'	ils	mangeassent

Plus-que-parfait

que	j'	eusse	mangé
que	tu	eusses	mangé
qu'	il	eût	mangé
que	nous	eussions	mangé
que	vous	eussiez	mangé
qu'	ils	eussent	mangé

Conditionnel

Présent

je	mangerais
tu	mangerais
il	mangerait
nous	mangerions
vous	mangeriez
ils	mangeraient

Passé

j'	aurais	mangé
tu	aurais	mangé
il	aurait	mangé
nous	aurions	mangé
vous	auriez	mangé
ils	auraient	mangé

Impératif

mange
mangeons
mangez

Participe

Présent	Passé
mangeant	mangé(e)

Achtung! Vor stummem **-e** wird **-l-** zu **-ll-**.

Indicatif

Présent

j'	appelle
tu	appelles
il	appelle
nous	appelons
vous	appelez
ils	appellent

Passé composé

j'	ai	appelé
tu	as	appelé
il	a	appelé
nous	avons	appelé
vous	avez	appelé
ils	ont	appelé

Imparfait

j'	appelais
tu	appelais
il	appelait
nous	appelions
vous	appeliez
ils	appelaient

Plus-que-parfait

j'	avais	appelé
tu	avais	appelé
il	avait	appelé
nous	avions	appelé
vous	aviez	appelé
ils	avaient	appelé

Passé simple

j'	appelai
tu	appelas
il	appela
nous	appelâmes
vous	appelâtes
ils	appelèrent

Passé antérieur

j'	eus	appelé
tu	eus	appelé
il	eut	appelé
nous	eûmes	appelé
vous	eûtes	appelé
ils	eurent	appelé

Futur simple

j'	appellerai
tu	appelleras
il	appellera
nous	appellerons
vous	appellerez
ils	appelleront

Futur antérieur

j'	aurai	appelé
tu	auras	appelé
il	aura	appelé
nous	aurons	appelé
vous	aurez	appelé
ils	auront	appelé

Subjonctif

Présent

que	j'	appelle
que	tu	appelles
qu'	il	appelle
que	nous	appelions
que	vous	appeliez
qu'	ils	appellent

Passé

que	j'	aie	appelé
que	tu	aies	appelé
qu'	il	ait	appelé
que	nous	ayons	appelé
que	vous	ayez	appelé
qu'	ils	aient	appelé

Imparfait

que	j'	appelasse
que	tu	appelasses
qu'	il	appelât
que	nous	appelassions
que	vous	appelassiez
qu'	ils	appelassent

Plus-que-parfait

que	j'	eusse	appelé
que	tu	eusses	appelé
qu'	il	eût	appelé
que	nous	eussions	appelé
que	vous	eussiez	appelé
qu'	ils	eussent	appelé

Conditionnel

Présent

j'	appellerais
tu	appellerais
il	appellerait
nous	appellerions
vous	appelleriez
ils	appelleraient

Passé

j'	aurais	appelé
tu	aurais	appelé
il	aurait	appelé
nous	aurions	appelé
vous	auriez	appelé
ils	auraient	appelé

Impératif

appelle
appelons
appelez

Participe

Présent

appelant

Passé

appelé(e)

Achtung! Vor stummem **-e** wird **-t-** zu **-tt-**.

Indicatif

Présent

je	jette
tu	jettes
il	jette
nous	jetons
vous	jetez
ils	jettent

Imparfait

je	jetais
tu	jetais
il	jetait
nous	jetions
vous	jetiez
ils	jetaient

Passé simple

je	jetai
tu	jetas
il	jeta
nous	jetâmes
vous	jetâtes
ils	jetèrent

Futur simple

je	jetterai
tu	jetteras
il	jettera
nous	jetterons
vous	jetterez
ils	jetteront

Passé composé

j'	ai	jeté
tu	as	jeté
il	a	jeté
nous	avons	jeté
vous	avez	jeté
ils	ont	jeté

Plus-que-parfait

j'	avais	jeté
tu	avais	jeté
il	avait	jeté
nous	avions	jeté
vous	aviez	jeté
ils	avaient	jeté

Passé antérieur

j'	eus	jeté
tu	eus	jeté
il	eut	jeté
nous	eûmes	jeté
vous	eûtes	jeté
ils	eurent	jeté

Futur antérieur

j'	aurai	jeté
tu	auras	jeté
il	aura	jeté
nous	aurons	jeté
vous	aurez	jeté
ils	auront	jeté

Subjonctif

Présent

que	je	jette
que	tu	jettes
qu'	il	jette
que	nous	jetions
que	vous	jetiez
qu'	ils	jettent

Passé

que	j'	aie	jeté
que	tu	aies	jeté
qu'	il	ait	jeté
que	nous	ayons	jeté
que	vous	ayez	jeté
qu'	ils	aient	jeté

Imparfait

que	je	jetasse
que	tu	jetasses
qu'	il	jetât
que	nous	jetassions
que	vous	jetassiez
qu'	ils	jetassent

Plus-que-parfait

que	j'	eusse	jeté
que	tu	eusses	jeté
qu'	il	eût	jeté
que	nous	eussions	jeté
que	vous	eussiez	jeté
qu'	ils	eussent	jeté

Conditionnel

Présent

je	jetterais
tu	jetterais
il	jetterait
nous	jetterions
vous	jetteriez
ils	jetteraient

Passé

j'	aurais	jeté
tu	aurais	jeté
il	aurait	jeté
nous	aurions	jeté
vous	auriez	jeté
ils	auraient	jeté

Impératif

jette
jetons
jetez

Participe

Présent	Passé
jetant	jeté(e)

Achtung! Vor Endung mit stummem **-e** wird **-e-** zu **-è-**.

Indicatif

Présent

je	gèle
tu	gèles
il	gèle
nous	gelons
vous	gelez
ils	gèlent

Imparfait

je	gelais
tu	gelais
il	gelait
nous	gelions
vous	geliez
ils	gelaient

Passé simple

je	gelai
tu	gelas
il	gela
nous	gelâmes
vous	gelâtes
ils	gelèrent

Futur simple

je	gèlerai
tu	gèleras
il	gèlera
nous	gèlerons
vous	gèlerez
ils	gèleront

Passé composé

j'	ai	gelé
tu	as	gelé
il	a	gelé
nous	avons	gelé
vous	avez	gelé
ils	ont	gelé

Plus-que-parfait

j'	avais	gelé
tu	avais	gelé
il	avait	gelé
nous	avions	gelé
vous	aviez	gelé
ils	avaient	gelé

Passé antérieur

j'	eus	gelé
tu	eus	gelé
il	eut	gelé
nous	eûmes	gelé
vous	eûtes	gelé
ils	eurent	gelé

Futur antérieur

j'	aurai	gelé
tu	auras	gelé
il	aura	gelé
nous	aurons	gelé
vous	aurez	gelé
ils	auront	gelé

Subjonctif

Présent

que	je	gèle
que	tu	gèles
qu'	il	gèle
que	nous	gelions
que	vous	geliez
qu'	ils	gèlent

Passé

que	j'	aie	gelé
que	tu	aies	gelé
qu'	il	ait	gelé
que	nous	ayons	gelé
que	vous	ayez	gelé
qu'	ils	aient	gelé

Imparfait

que	je	gelasse
que	tu	gelasses
qu'	il	gelât
que	nous	gelassions
que	vous	gelassiez
qu'	ils	gelassent

Plus-que-parfait

que	j'	eusse	gelé
que	tu	eusses	gelé
qu'	il	eût	gelé
que	nous	eussions	gelé
que	vous	eussiez	gelé
qu'	ils	eussent	gelé

Conditionnel

Présent

je	gèlerais
tu	gèlerais
il	gèlerait
nous	gèlerions
vous	gèleriez
ils	gèleraient

Passé

j'	aurais	gelé
tu	aurais	gelé
il	aurait	gelé
nous	aurions	gelé
vous	auriez	gelé
ils	auraient	gelé

Impératif

gèle
gelons
gelez

Participe

Présent	Passé
gelant	gelé(e)

acheter

kaufen

1. Gruppe

Achtung! Vor Endung mit stummem **-e** wird **-e-** zu **-è-**.

Indicatif

Présent

j'	achète
tu	achètes
il	achète
nous	achetons
vous	achetez
ils	achètent

Imparfait

j'	achetais
tu	achetais
il	achetait
nous	achetions
vous	achetiez
ils	achetaient

Passé simple

j'	achetai
tu	achetas
il	acheta
nous	achetâmes
vous	achetâtes
ils	achetèrent

Futur simple

j'	achèterai
tu	achèteras
il	achètera
nous	achèterons
vous	achèterez
ils	achèteront

Passé composé

j'	ai	acheté
tu	as	acheté
il	a	acheté
nous	avons	acheté
vous	avez	acheté
ils	ont	acheté

Plus-que-parfait

j'	avais	acheté
tu	avais	acheté
il	avait	acheté
nous	avions	acheté
vous	aviez	acheté
ils	avaient	acheté

Passé antérieur

j'	eus	acheté
tu	eus	acheté
il	eut	acheté
nous	eûmes	acheté
vous	eûtes	acheté
ils	eurent	acheté

Futur antérieur

j'	aurai	acheté
tu	auras	acheté
il	aura	acheté
nous	aurons	acheté
vous	aurez	acheté
ils	auront	acheté

Subjonctif

Présent

que	j'	achète
que	tu	achètes
qu'	il	achète
que	nous	achetions
que	vous	achetiez
qu'	ils	achètent

Passé

que	j'	aie	acheté
que	tu	aies	acheté
qu'	il	ait	acheté
que	nous	ayons	acheté
que	vous	ayez	acheté
qu'	ils	aient	acheté

Imparfait

que	j'	achetasse
que	tu	achetasses
qu'	il	achetât
que	nous	achetassions
que	vous	achetassiez
qu'	ils	achetassent

Plus-que-parfait

que	j'	eusse	acheté
que	tu	eusses	acheté
qu'	il	eût	acheté
que	nous	eussions	acheté
que	vous	eussiez	acheté
qu'	ils	eussent	acheté

Conditionnel

Présent

j'	achèterais
tu	achèterais
il	achèterait
nous	achèterions
vous	achèteriez
ils	achèteraient

Passé

j'	aurais	acheté
tu	aurais	acheté
il	aurait	acheté
nous	aurions	acheté
vous	auriez	acheté
ils	auraient	acheté

Impératif

achète
achetons
achetez

Participe

Présent	Passé
achetant	acheté(e)

hoffen

Achtung! Vor einsilbiger Endung mit stummem **-e** wird **-é-** zu **-è-**.

Indicatif

Présent

j'	espère
tu	espères
il	espère
nous	espérons
vous	espérez
ils	espèrent

Imparfait

j'	espérais
tu	espérais
il	espérait
nous	espérions
vous	espériez
ils	espéraient

Passé simple

j'	espérai
tu	espéras
il	espéra
nous	espérâmes
vous	espérâtes
ils	espérèrent

Futur simple

j'	espérerai
tu	espéreras
il	espérera
nous	espérerons
vous	espérerez
ils	espéreront

Passé composé

j'	ai	espéré
tu	as	espéré
il	a	espéré
nous	avons	espéré
vous	avez	espéré
ils	ont	espéré

Plus-que-parfait

j'	avais	espéré
tu	avais	espéré
il	avait	espéré
nous	avions	espéré
vous	aviez	espéré
ils	avaient	espéré

Passé antérieur

j'	eus	espéré
tu	eus	espéré
il	eut	espéré
nous	eûmes	espéré
vous	eûtes	espéré
ils	eurent	espéré

Futur antérieur

j'	aurai	espéré
tu	auras	espéré
il	aura	espéré
nous	aurons	espéré
vous	aurez	espéré
ils	auront	espéré

Subjonctif

Présent

que	j'	espère
que	tu	espères
qu'	il	espère
que	nous	espérions
que	vous	espériez
qu'	ils	espèrent

Passé

que	j'	aie	espéré
que	tu	aies	espéré
qu'	il	ait	espéré
que	nous	ayons	espéré
que	vous	ayez	espéré
qu'	ils	aient	espéré

Imparfait

que	j'	espérasse
que	tu	espérasses
qu'	il	espérât
que	nous	espérassions
que	vous	espérassiez
qu'	ils	espérassent

Plus-que-parfait

que	j'	eusse	espéré
que	tu	eusses	espéré
qu'	il	eût	espéré
que	nous	eussions	espéré
que	vous	eussiez	espéré
qu'	ils	eussent	espéré

Conditionnel

Présent

j'	espérerais
tu	espérerais
il	espérerait
nous	espérerions
vous	espéreriez
ils	espéreraient

Passé

j'	aurais	espéré
tu	aurais	espéré
il	aurait	espéré
nous	aurions	espéré
vous	auriez	espéré
ils	auraient	espéré

Impératif

espère
espérons
espérez

Participe

Présent	Passé
espérant	espéré(e)

payer
zahlen

1. Gruppe

Achtung! Vor stummem **-e** wird **-y** zu **-i**.

Indicatif

Présent

je	paie / paye
tu	paies / payes
il	paie / paye
nous	payons
vous	payez
ils	paient / payent

Imparfait

je	payais
tu	payais
il	payait
nous	payions
vous	payiez
ils	payaient

Passé simple

je	payai
tu	payas
il	paya
nous	payâmes
vous	payâtes
ils	payèrent

Futur simple

je	paierai / payerai
tu	paieras / payeras
il	paiera / payera
nous	paierons / payerons
vous	paierez / payerez
ils	paieront / payeront

Passé composé

j'	ai	payé
tu	as	payé
il	a	payé
nous	avons	payé
vous	avez	payé
ils	ont	payé

Plus-que-parfait

j'	avais	payé
tu	avais	payé
il	avait	payé
nous	avions	payé
vous	aviez	payé
ils	avaient	payé

Passé antérieur

j'	eus	payé
tu	eus	payé
il	eut	payé
nous	eûmes	payé
vous	eûtes	payé
ils	eurent	payé

Futur antérieur

j'	aurai	payé
tu	auras	payé
il	aura	payé
nous	aurons	payé
vous	aurez	payé
ils	auront	payé

Subjonctif

Présent

que	je	paie / paye
que	tu	paies / payes
qu'	il	paie / paye
que	nous	payions
que	vous	payiez
qu'	ils	paient / payent

Passé

que	j'	aie	payé
que	tu	aies	payé
qu'	il	ait	payé
que	nous	ayons	payé
que	vous	ayez	payé
qu'	ils	aient	payé

Imparfait

que	je	payasse
que	tu	payasses
qu'	il	payât
que	nous	payassions
que	vous	payassiez
qu'	ils	payassent

Plus-que-parfait

que	j'	eusse	payé
que	tu	eusses	payé
qu'	il	eût	payé
que	nous	eussions	payé
que	vous	eussiez	payé
qu'	ils	eussent	payé

Conditionnel

Présent

je	paierais / payerais
tu	paierais / payerais
il	paierait / payerait
nous	paierions / payerions
vous	paieriez / payeriez
ils	paieraient / payeraient

Passé

j'	aurais	payé
tu	aurais	payé
il	aurait	payé
nous	aurions	payé
vous	auriez	payé
ils	auraient	payé

Impératif

paie / paye
payons
payez

Participe

Présent	Passé
payant	payé(e)

Indicatif

Présent

j'	appuie
tu	appuies
il	appuie
nous	appuyons
vous	appuyez
ils	appuient

Imparfait

j'	appuyais
tu	appuyais
il	appuyait
nous	appuyions
vous	appuyiez
ils	appuyaient

Passé simple

j'	appuyai
tu	appuyas
il	appuya
nous	appuyâmes
vous	appuyâtes
ils	appuyèrent

Futur simple

j'	appuierai
tu	appuieras
il	appuiera
nous	appuierons
vous	appuierez
ils	appuieront

Passé composé

j'	ai	appuyé
tu	as	appuyé
il	a	appuyé
nous	avons	appuyé
vous	avez	appuyé
ils	ont	appuyé

Plus-que-parfait

j'	avais	appuyé
tu	avais	appuyé
il	avait	appuyé
nous	avions	appuyé
vous	aviez	appuyé
ils	avaient	appuyé

Passé antérieur

j'	eus	appuyé
tu	eus	appuyé
il	eut	appuyé
nous	eûmes	appuyé
vous	eûtes	appuyé
ils	eurent	appuyé

Futur antérieur

j'	aurai	appuyé
tu	auras	appuyé
il	aura	appuyé
nous	aurons	appuyé
vous	aurez	appuyé
ils	auront	appuyé

Subjonctif

Présent

que	j'	appuie
que	tu	appuies
qu'	il	appuie
que	nous	appuyions
que	vous	appuyiez
qu'	ils	appuient

Passé

que	j'	aie	appuyé
que	tu	aies	appuyé
qu'	il	ait	appuyé
que	nous	ayons	appuyé
que	vous	ayez	appuyé
qu'	ils	aient	appuyé

Imparfait

que	j'	appuyasse
que	tu	appuyasses
qu'	il	appuyât
que	nous	appuyassions
que	vous	appuyassiez
qu'	ils	appuyassent

Plus-que-parfait

que	j'	eusse	appuyé
que	tu	eusses	appuyé
qu'	il	eût	appuyé
que	nous	eussions	appuyé
que	vous	eussiez	appuyé
qu'	ils	eussent	appuyé

Conditionnel

Présent

j'	appuierais
tu	appuierais
il	appuierait
nous	appuierions
vous	appuieriez
ils	appuieraient

Passé

j'	aurais	appuyé
tu	aurais	appuyé
il	aurait	appuyé
nous	aurions	appuyé
vous	auriez	appuyé
ils	auraient	appuyé

Impératif

appuie
appuyons
appuyez

Participe

Présent	Passé
appuyant	appuyé(e)

employer

verwenden; beschäftigen

1. Gruppe

Achtung! Vor stummem **-e** wird **-y** zu **-i**.

Indicatif

Présent

j'	emploie
tu	emploies
il	emploie
nous	employons
vous	employez
ils	emploient

Imparfait

j'	employais
tu	employais
il	employait
nous	employions
vous	employiez
ils	employaient

Passé simple

j'	employai
tu	employas
il	employa
nous	employâmes
vous	employâtes
ils	employèrent

Futur simple

j'	emploierai
tu	emploieras
il	emploiera
nous	emploierons
vous	emploierez
ils	emploieront

Passé composé

j'	ai	employé
tu	as	employé
il	a	employé
nous	avons	employé
vous	avez	employé
ils	ont	employé

Plus-que-parfait

j'	avais	employé
tu	avais	employé
il	avait	employé
nous	avions	employé
vous	aviez	employé
ils	avaient	employé

Passé antérieur

j'	eus	employé
tu	eus	employé
il	eut	employé
nous	eûmes	employé
vous	eûtes	employé
ils	eurent	employé

Futur antérieur

j'	aurai	employé
tu	auras	employé
il	aura	employé
nous	aurons	employé
vous	aurez	employé
ils	auront	employé

Subjonctif

Présent

que	j'	emploie
que	tu	emploies
qu'	il	emploie
que	nous	employions
que	vous	employiez
qu'	ils	emploient

Passé

que	j'	aie	employé
que	tu	aies	employé
qu'	il	ait	employé
que	nous	ayons	employé
que	vous	ayez	employé
qu'	ils	aient	employé

Imparfait

que	j'	employasse
que	tu	employasses
qu'	il	employât
que	nous	employassions
que	vous	employassiez
qu'	ils	employassent

Plus-que-parfait

que	j'	eusse	employé
que	tu	eusses	employé
qu'	il	eût	employé
que	nous	eussions	employé
que	vous	eussiez	employé
qu'	ils	eussent	employé

Conditionnel

Présent

j'	emploierais
tu	emploierais
il	emploierait
nous	emploierions
vous	emploieriez
ils	emploieraient

Passé

j'	aurais	employé
tu	aurais	employé
il	aurait	employé
nous	aurions	employé
vous	auriez	employé
ils	auraient	employé

Impératif

emploie
employons
employez

Participe

Présent	Passé
employant	employé(e)

Indicatif

Présent

j'	envoie
tu	envoies
il	envoie
nous	envoyons
vous	envoyez
ils	envoient

Imparfait

j'	envoyais
tu	envoyais
il	envoyait
nous	envoyions
vous	envoyiez
ils	envoyaient

Passé simple

j'	envoyai
tu	envoyas
il	envoya
nous	envoyâmes
vous	envoyâtes
ils	envoyèrent

Futur simple

j'	enverrai
tu	enverras
il	enverra
nous	enverrons
vous	enverrez
ils	enverront

Passé composé

j'	ai	envoyé
tu	as	envoyé
il	a	envoyé
nous	avons	envoyé
vous	avez	envoyé
ils	ont	envoyé

Plus-que-parfait

j'	avais	envoyé
tu	avais	envoyé
il	avait	envoyé
nous	avions	envoyé
vous	aviez	envoyé
ils	avaient	envoyé

Passé antérieur

j'	eus	envoyé
tu	eus	envoyé
il	eut	envoyé
nous	eûmes	envoyé
vous	eûtes	envoyé
ils	eurent	envoyé

Futur antérieur

j'	aurai	envoyé
tu	auras	envoyé
il	aura	envoyé
nous	aurons	envoyé
vous	aurez	envoyé
ils	auront	envoyé

Subjonctif

Présent

que	j'	envoie
que	tu	envoies
qu'	il	envoie
que	nous	envoyions
que	vous	envoyiez
qu'	ils	envoient

Passé

que	j'	aie	envoyé
que	tu	aies	envoyé
qu'	il	ait	envoyé
que	nous	ayons	envoyé
que	vous	ayez	envoyé
qu'	ils	aient	envoyé

Imparfait

que	j'	envoyasse
que	tu	envoyasses
qu'	il	envoyât
que	nous	envoyassions
que	vous	envoyassiez
qu'	ils	envoyassent

Plus-que-parfait

que	j'	eusse	envoyé
que	tu	eusses	envoyé
qu'	il	eût	envoyé
que	nous	eussions	envoyé
que	vous	eussiez	envoyé
qu'	ils	eussent	envoyé

Conditionnel

Présent

j'	enverrais
tu	enverrais
il	enverrait
nous	enverrions
vous	enverriez
ils	enverraient

Passé

j'	aurais	envoyé
tu	aurais	envoyé
il	aurait	envoyé
nous	aurions	envoyé
vous	auriez	envoyé
ils	auraient	envoyé

Impératif

envoie
envoyons
envoyez

Participe

Présent	Passé
envoyant	envoyé(e)

Indicatif

Présent

je	fin**is**
tu	fin**is**
il	fin**it**
nous	fin**issons**
vous	fin**issez**
ils	fin**issent**

Imparfait

je	fin**issais**
tu	fin**issais**
il	fin**issait**
nous	fin**issions**
vous	fin**issiez**
ils	fin**issaient**

Passé simple

je	fin**is**
tu	fin**is**
il	fin**it**
nous	fin**îmes**
vous	fin**îtes**
ils	fin**irent**

Futur simple

je	fin**irai**
tu	fin**iras**
il	fin**ira**
nous	fin**irons**
vous	fin**irez**
ils	fin**iront**

Passé composé

j'	ai	fini
tu	as	fini
il	a	fini
nous	avons	fini
vous	avez	fini
ils	ont	fini

Plus-que-parfait

j'	avais	fini
tu	avais	fini
il	avait	fini
nous	avions	fini
vous	aviez	fini
ils	avaient	fini

Passé antérieur

j'	eus	fini
tu	eus	fini
il	eut	fini
nous	eûmes	fini
vous	eûtes	fini
ils	eurent	fini

Futur antérieur

j'	aurai	fini
tu	auras	fini
il	aura	fini
nous	aurons	fini
vous	aurez	fini
ils	auront	fini

Subjonctif

Présent

que	je	fin**isse**
que	tu	fin**isses**
qu'	il	fin**isse**
que	nous	fin**issions**
que	vous	fin**issiez**
qu'	ils	fin**issent**

Passé

que	j'	aie	fini
que	tu	aies	fini
qu'	il	ait	fini
que	nous	ayons	fini
que	vous	ayez	fini
qu'	ils	aient	fini

Imparfait

que	je	fin**isse**
que	tu	fin**isses**
qu'	il	fin**ît**
que	nous	fin**issions**
que	vous	fin**issiez**
qu'	ils	fin**issent**

Plus-que-parfait

que	j'	eusse	fini
que	tu	eusses	fini
qu'	il	eût	fini
que	nous	eussions	fini
que	vous	eussiez	fini
qu'	ils	eussent	fini

Conditionnel

Présent

je	fin**irais**
tu	fin**irais**
il	fin**irait**
nous	fin**irions**
vous	fin**iriez**
ils	fin**iraient**

Passé

j'	aurais	fini
tu	aurais	fini
il	aurait	fini
nous	aurions	fini
vous	auriez	fini
ils	auraient	fini

Impératif

fin**is**
fin**issons**
fin**issez**

Participe

Présent

fin**issant**

Passé

fin**i(e)**

Indicatif

Présent

j'	absous
tu	absous
il	absout
nous	absolvons
vous	absolvez
ils	absolvent

Imparfait

j'	absolvais
tu	absolvais
il	absolvait
nous	absolvions
vous	absolviez
ils	absolvaient

Passé simple

j'	absolus
tu	absolus
il	absolut
nous	absolûmes
vous	absolûtes
ils	absolurent

Futur simple

j'	absoudrai
tu	absoudras
il	absoudra
nous	absoudrons
vous	absoudrez
ils	absoudront

Passé composé

j'	ai	absous
tu	as	absous
il	a	absous
nous	avons	absous
vous	avez	absous
ils	ont	absous

Plus-que-parfait

j'	avais	absous
tu	avais	absous
il	avait	absous
nous	avions	absous
vous	aviez	absous
ils	avaient	absous

Passé antérieur

j'	eus	absous
tu	eus	absous
il	eut	absous
nous	eûmes	absous
vous	eûtes	absous
ils	eurent	absous

Futur antérieur

j'	aurai	absous
tu	auras	absous
il	aura	absous
nous	aurons	absous
vous	aurez	absous
ils	auront	absous

Subjonctif

Présent

que	j'	absolve
que	tu	absolves
qu'	il	absolve
que	nous	absolvions
que	vous	absolviez
qu'	ils	absolvent

Passé

que	j'	aie	absous
que	tu	aies	absous
qu'	il	ait	absous
que	nous	ayons	absous
que	vous	ayez	absous
qu'	ils	aient	absous

Imparfait

que	j'	absolusse
que	tu	absolusses
qu'	il	absolût
que	nous	absolussions
que	vous	absolussiez
qu'	ils	absolussent

Plus-que-parfait

que	j'	eusse	absous
que	tu	eusses	absous
qu'	il	eût	absous
que	nous	eussions	absous
que	vous	eussiez	absous
qu'	ils	eussent	absous

Conditionnel

Présent

j'	absoudrais
tu	absoudrais
il	absoudrait
nous	absoudrions
vous	absoudriez
ils	absoudraient

Passé

j'	aurais	absous
tu	aurais	absous
il	aurait	absous
nous	aurions	absous
vous	auriez	absous
ils	auraient	absous

Impératif

absous
absolvons
absolvez

Participe

Présent

absolvant

Passé

absous (absoute)

19 accroître
vergrößern

3. Gruppe

Indicatif

Présent
j'	accrois
tu	accrois
il	accroît
nous	accroissons
vous	accroissez
ils	accroissent

Imparfait
j'	accroissais
tu	accroissais
il	accroissait
nous	accroissions
vous	accroissiez
ils	accroissaient

Passé simple
j'	accrus
tu	accrus
il	accrut
nous	accrûmes
vous	accrûtes
ils	accrurent

Futur simple
j'	accroîtrai
tu	accroîtras
il	accroîtra
nous	accroîtrons
vous	accroîtrez
ils	accroîtront

Passé composé
j'	ai	accru
tu	as	accru
il	a	accru
nous	avons	accru
vous	avez	accru
ils	ont	accru

Plus-que-parfait
j'	avais	accru
tu	avais	accru
il	avait	accru
nous	avions	accru
vous	aviez	accru
ils	avaient	accru

Passé antérieur
j'	eus	accru
tu	eus	accru
il	eut	accru
nous	eûmes	accru
vous	eûtes	accru
ils	eurent	accru

Futur antérieur
j'	aurai	accru
tu	auras	accru
il	aura	accru
nous	aurons	accru
vous	aurez	accru
ils	auront	accru

Subjonctif

Présent
que	j'	accroisse
que	tu	accroisses
qu'	il	accroisse
que	nous	accroissions
que	vous	accroissiez
qu'	ils	accroissent

Passé
que	j'	aie	accru
que	tu	aies	accru
qu'	il	ait	accru
que	nous	ayons	accru
que	vous	ayez	accru
qu'	ils	aient	accru

Imparfait
que	j'	accrusse
que	tu	accrusses
qu'	il	accrût
que	nous	accrussions
que	vous	accrussiez
qu'	ils	accrussent

Plus-que-parfait
que	j'	eusse	accru
que	tu	eusses	accru
qu'	il	eût	accru
que	nous	eussions	accru
que	vous	eussiez	accru
qu'	ils	eussent	accru

Conditionnel

Présent
j'	accroîtrais
tu	accroîtrais
il	accroîtrait
nous	accroîtrions
vous	accroîtriez
ils	accroîtraient

Passé
j'	aurais	accru
tu	aurais	accru
il	aurait	accru
nous	aurions	accru
vous	auriez	accru
ils	auraient	accru

Impératif

accrois
accroissons
accroissez

Participe

Présent	Passé
accroissant	accru(e)

acquérir 20
erwerben

Indicatif

Présent

j'	acquiers
tu	acquiers
il	acquiert
nous	acquérons
vous	acquérez
ils	acquièrent

Imparfait

j'	acquérais
tu	acquérais
il	acquérait
nous	acquérions
vous	acquériez
ils	acquéraient

Passé simple

j'	acquis
tu	acquis
il	acquit
nous	acquîmes
vous	acquîtes
ils	acquirent

Futur simple

j'	acquerrai
tu	acquerras
il	acquerra
nous	acquerrons
vous	acquerrez
ils	acquerront

Passé composé

j'	ai	acquis
tu	as	acquis
il	a	acquis
nous	avons	acquis
vous	avez	acquis
ils	ont	acquis

Plus-que-parfait

j'	avais	acquis
tu	avais	acquis
il	avait	acquis
nous	avions	acquis
vous	aviez	acquis
ils	avaient	acquis

Passé antérieur

j'	eus	acquis
tu	eus	acquis
il	eut	acquis
nous	eûmes	acquis
vous	eûtes	acquis
ils	eurent	acquis

Futur antérieur

j'	aurai	acquis
tu	auras	acquis
il	aura	acquis
nous	aurons	acquis
vous	aurez	acquis
ils	auront	acquis

Subjonctif

Présent

que	j'	acquière
que	tu	acquières
qu'	il	acquière
que	nous	acquérions
que	vous	acquériez
qu'	ils	acquièrent

Passé

que	j'	aie	acquis
que	tu	aies	acquis
qu'	il	ait	acquis
que	nous	ayons	acquis
que	vous	ayez	acquis
qu'	ils	aient	acquis

Imparfait

que	j'	acquisse
que	tu	acquisses
qu'	il	acquît
que	nous	acquissions
que	vous	acquissiez
qu'	ils	acquissent

Plus-que-parfait

que	j'	eusse	acquis
que	tu	eusses	acquis
qu'	il	eût	acquis
que	nous	eussions	acquis
que	vous	eussiez	acquis
qu'	ils	eussent	acquis

Conditionnel

Présent

j'	acquerrais
tu	acquerrais
il	acquerrait
nous	acquerrions
vous	acquerriez
ils	acquerraient

Passé

j'	aurais	acquis
tu	aurais	acquis
il	aurait	acquis
nous	aurions	acquis
vous	auriez	acquis
ils	auraient	acquis

Impératif

acquiers
acquérons
acquérez

Participe

Présent	Passé
acquérant	acquis(e)

Indicatif

Présent

je	vais
tu	vas
il	va
nous	allons
vous	allez
ils	vont

Imparfait

j'	allais
tu	allais
il	allait
nous	allions
vous	alliez
ils	allaient

Passé simple

j'	allai
tu	allas
il	alla
nous	allâmes
vous	allâtes
ils	allèrent

Futur simple

j'	irai
tu	iras
il	ira
nous	irons
vous	irez
ils	iront

Passé composé

je	suis	allé
tu	es	allé
il	est	allé
nous	sommes	allés
vous	êtes	allés
ils	sont	allés

Plus-que-parfait

j'	étais	allé
tu	étais	allé
il	était	allé
nous	étions	allés
vous	étiez	allés
ils	étaient	allés

Passé antérieur

je	fus	allé
tu	fus	allé
il	fut	allé
nous	fûmes	allés
vous	fûtes	allés
ils	furent	allés

Futur antérieur

je	serai	allé
tu	seras	allé
il	sera	allé
nous	serons	allés
vous	serez	allés
ils	seront	allés

Subjonctif

Présent

que	j'	aille
que	tu	ailles
qu'	il	aille
que	nous	allions
que	vous	alliez
qu'	ils	aillent

Passé

que	je	sois	allé
que	tu	sois	allé
qu'	il	soit	allé
que	nous	soyons	allés
que	vous	soyez	allés
qu'	ils	soient	allés

Imparfait

que	j'	allasse
que	tu	allasses
qu'	il	allât
que	nous	allassions
que	vous	allassiez
qu'	ils	allassent

Plus-que-parfait

que	je	fusse	allé
que	tu	fusses	allé
qu'	il	fût	allé
que	nous	fussions	allés
que	vous	fussiez	allés
qu'	ils	fussent	allés

Conditionnel

Présent

j'	irais
tu	irais
il	irait
nous	irions
vous	iriez
ils	iraient

Passé

je	serais	allé
tu	serais	allé
il	serait	allé
nous	serions	allés
vous	seriez	allés
ils	seraient	allés

Impératif

va, *aber:* vas-y
allons
allez

Participe

Présent	Passé
allant	allé(e)

Indicatif

Présent

j'	assaille
tu	assailles
il	assaille
nous	assaillons
vous	assaillez
ils	assaillent

Imparfait

j'	assaillais
tu	assaillais
il	assaillait
nous	assaillions
vous	assailliez
ils	assaillaient

Passé simple

j'	assaillis
tu	assaillis
il	assaillit
nous	assaillîmes
vous	assaillîtes
ils	assaillirent

Futur simple

j'	assaillirai
tu	assailliras
il	assaillira
nous	assaillirons
vous	assaillirez
ils	assailliront

Passé composé

j'	ai	assailli
tu	as	assailli
il	a	assailli
nous	avons	assailli
vous	avez	assailli
ils	ont	assailli

Plus-que-parfait

j'	avais	assailli
tu	avais	assailli
il	avait	assailli
nous	avions	assailli
vous	aviez	assailli
ils	avaient	assailli

Passé antérieur

j'	eus	assailli
tu	eus	assailli
il	eut	assailli
nous	eûmes	assailli
vous	eûtes	assailli
ils	eurent	assailli

Futur antérieur

j'	aurai	assailli
tu	auras	assailli
il	aura	assailli
nous	aurons	assailli
vous	aurez	assailli
ils	auront	assailli

Subjonctif

Présent

que	j'	assaille
que	tu	assailles
qu'	il	assaille
que	nous	assaillions
que	vous	assailliez
qu'	ils	assaillent

Passé

que	j'	aie	assailli
que	tu	aies	assailli
qu'	il	ait	assailli
que	nous	ayons	assailli
que	vous	ayez	assailli
qu'	ils	aient	assailli

Imparfait

que	j'	assaillisse
que	tu	assaillisses
qu'	il	assaillît
que	nous	assaillissons
que	vous	assaillissez
qu'	ils	assaillissent

Plus-que-parfait

que	j'	eusse	assailli
que	tu	eusses	assailli
qu'	il	eût	assailli
que	nous	eussions	assailli
que	vous	eussiez	assailli
qu'	ils	eussent	assailli

Conditionnel

Présent

j'	assaillirais
tu	assaillirais
il	assaillirait
nous	assaillirions
vous	assailliriez
ils	assailliraient

Passé

j'	aurais	assailli
tu	aurais	assailli
il	aurait	assailli
nous	aurions	assailli
vous	auriez	assailli
ils	auraient	assailli

Impératif

assaille
assaillons
assaillez

Participe

Présent	Passé
assaillant	assailli(e)

(hin)setzen

Formen mit **-ie-** bzw. **-ey-**

Indicatif

Présent

j'	assieds
tu	assieds
il	assied
nous	asseyons
vous	asseyez
ils	asseyent

Imparfait

j'	asseyais
tu	asseyais
il	asseyait
nous	asseyions
vous	asseyiez
ils	asseyaient

Passé simple

j'	assis
tu	assis
il	assit
nous	assîmes
vous	assîtes
ils	assirent

Futur simple

j'	assiérai
tu	assiéras
il	assiéra
nous	assiérons
vous	assiérez
ils	assiéront

Passé composé

j'	ai	assis
tu	as	assis
il	a	assis
nous	avons	assis
vous	avez	assis
ils	ont	assis

Plus-que-parfait

j'	avais	assis
tu	avais	assis
il	avait	assis
nous	avions	assis
vous	aviez	assis
ils	avaient	assis

Passé antérieur

j'	eus	assis
tu	eus	assis
il	eut	assis
nous	eûmes	assis
vous	eûtes	assis
ils	eurent	assis

Futur antérieur

j'	aurai	assis
tu	auras	assis
il	aura	assis
nous	aurons	assis
vous	aurez	assis
ils	auront	assis

Subjonctif

Présent

que	j'	asseye
que	tu	asseyes
qu'	il	asseye
que	nous	asseyions
que	vous	asseyiez
qu'	ils	asseyent

Passé

que	j'	aie	assis
que	tu	aies	assis
qu'	il	ait	assis
que	nous	ayons	assis
que	vous	ayez	assis
qu'	ils	aient	assis

Imparfait

que	j'	assisse
que	tu	assisses
qu'	il	assît
que	nous	assissions
que	vous	assissiez
qu'	ils	assissent

Plus-que-parfait

que	j'	eusse	assis
que	tu	eusses	assis
qu'	il	eût	assis
que	nous	eussions	assis
que	vous	eussiez	assis
qu'	ils	eussent	assis

Conditionnel

Présent

j'	assiérais
tu	assiérais
il	assiérait
nous	assiérions
vous	assiériez
ils	assiéraient

Passé

j'	aurais	assis
tu	aurais	assis
il	aurait	assis
nous	aurions	assis
vous	auriez	assis
ils	auraient	assis

Impératif

assieds
asseyons
asseyez

Participe

Présent	Passé
asseyant	assis(e)

Indicatif

Présent

j'	assois
tu	assois
il	assoit
nous	assoyons
vous	assoyez
ils	assoient

Imparfait

j'	assoyais
tu	assoyais
il	assoyait
nous	assoyions
vous	assoyiez
ils	assoyaient

Passé simple

j'	assis
tu	assis
il	assit
nous	assîmes
vous	assîtes
ils	assirent

Futur simple

j'	assoirai
tu	assoiras
il	assoira
nous	assoirons
vous	assoirez
ils	assoiront

Passé composé

j'	ai	assis
tu	as	assis
il	a	assis
nous	avons	assis
vous	avez	assis
ils	ont	assis

Plus-que-parfait

j'	avais	assis
tu	avais	assis
il	avait	assis
nous	avions	assis
vous	aviez	assis
ils	avaient	assis

Passé antérieur

j'	eus	assis
tu	eus	assis
il	eut	assis
nous	eûmes	assis
vous	eûtes	assis
ils	eurent	assis

Futur antérieur

j'	aurai	assis
tu	auras	assis
il	aura	assis
nous	aurons	assis
vous	aurez	assis
ils	auront	assis

Subjonctif

Présent

que	j'	assoie
que	tu	assoies
qu'	il	assoie
que	nous	assoyions
que	vous	assoyiez
qu'	ils	assoient

Passé

que	j'	aie	assis
que	tu	aies	assis
qu'	il	ait	assis
que	nous	ayons	assis
que	vous	ayez	assis
qu'	ils	aient	assis

Imparfait

que	j'	assisse
que	tu	assisses
qu'	il	assît
que	nous	assissions
que	vous	assissiez
qu'	ils	assissent

Plus-que-parfait

que	j'	eusse	assis
que	tu	eusses	assis
qu'	il	eût	assis
que	nous	eussions	assis
que	vous	eussiez	assis
qu'	ils	eussent	assis

Conditionnel

Présent

j'	assoirais
tu	assoirais
il	assoirait
nous	assoirions
vous	assoiriez
ils	assoiraient

Passé

j'	aurais	assis
tu	aurais	assis
il	aurait	assis
nous	aurions	assis
vous	auriez	assis
ils	auraient	assis

Impératif

assois
assoyons
assoyez

Participe

Présent	Passé
assoyant	assis(e)

24 battre

schlagen

3. Gruppe

Indicatif

Présent

je	bats
tu	bats
il	bat
nous	battons
vous	battez
ils	battent

Passé composé

j'	ai	battu
tu	as	battu
il	a	battu
nous	avons	battu
vous	avez	battu
ils	ont	battu

Imparfait

je	battais
tu	battais
il	battait
nous	battions
vous	battiez
ils	battaient

Plus-que-parfait

j'	avais	battu
tu	avais	battu
il	avait	battu
nous	avions	battu
vous	aviez	battu
ils	avaient	battu

Passé simple

je	battis
tu	battis
il	battit
nous	battîmes
vous	battîtes
ils	battirent

Passé antérieur

j'	eus	battu
tu	eus	battu
il	eut	battu
nous	eûmes	battu
vous	eûtes	battu
ils	eurent	battu

Futur simple

je	battrai
tu	battras
il	battra
nous	battrons
vous	battrez
ils	battront

Futur antérieur

j'	aurai	battu
tu	auras	battu
il	aura	battu
nous	aurons	battu
vous	aurez	battu
ils	auront	battu

Subjonctif

Présent

que	je	batte
que	tu	battes
qu'	il	batte
que	nous	battions
que	vous	battiez
qu'	ils	battent

Passé

que	j'	aie	battu
que	tu	aies	battu
qu'	il	ait	battu
que	nous	ayons	battu
que	vous	ayez	battu
qu'	ils	aient	battu

Imparfait

que	je	battisse
que	tu	battisses
qu'	il	battît
que	nous	battissions
que	vous	battissiez
qu'	ils	battissent

Plus-que-parfait

que	j'	eusse	battu
que	tu	eusses	battu
qu'	il	eût	battu
que	nous	eussions	battu
que	vous	eussiez	battu
qu'	ils	eussent	battu

Conditionnel

Présent

je	battrais
tu	battrais
il	battrait
nous	battrions
vous	battriez
ils	battraient

Passé

j'	aurais	battu
tu	aurais	battu
il	aurait	battu
nous	aurions	battu
vous	auriez	battu
ils	auraient	battu

Impératif

bats
battons
battez

Participe

Présent	Passé
battant	battu(e)

boire 25

trinken

Indicatif

Présent

je	bois
tu	bois
il	boit
nous	buvons
vous	buvez
ils	boivent

Imparfait

je	buvais
tu	buvais
il	buvait
nous	buvions
vous	buviez
ils	buvaient

Passé simple

je	bus
tu	bus
il	but
nous	bûmes
vous	bûtes
ils	burent

Futur simple

je	boirai
tu	boiras
il	boira
nous	boirons
vous	boirez
ils	boiront

Passé composé

j'	ai	bu
tu	as	bu
il	a	bu
nous	avons	bu
vous	avez	bu
ils	ont	bu

Plus-que-parfait

j'	avais	bu
tu	avais	bu
il	avait	bu
nous	avions	bu
vous	aviez	bu
ils	avaient	bu

Passé antérieur

j'	eus	bu
tu	eus	bu
il	eut	bu
nous	eûmes	bu
vous	eûtes	bu
ils	eurent	bu

Futur antérieur

j'	aurai	bu
tu	auras	bu
il	aura	bu
nous	aurons	bu
vous	aurez	bu
ils	auront	bu

Subjonctif

Présent

que	je	boive
que	tu	boives
qu'	il	boive
que	nous	buvions
que	vous	buviez
qu'	ils	boivent

Passé

que	j'	aie	bu
que	tu	aies	bu
qu'	il	ait	bu
que	nous	ayons	bu
que	vous	ayez	bu
qu'	ils	aient	bu

Imparfait

que	je	busse
que	tu	busses
qu'	il	bût
que	nous	bussions
que	vous	bussiez
qu'	ils	bussent

Plus-que-parfait

que	j'	eusse	bu
que	tu	eusses	bu
qu'	il	eût	bu
que	nous	eussions	bu
que	vous	eussiez	bu
qu'	ils	eussent	bu

Conditionnel

Présent

je	boirais
tu	boirais
il	boirait
nous	boirions
vous	boiriez
ils	boiraient

Passé

j'	aurais	bu
tu	aurais	bu
il	aurait	bu
nous	aurions	bu
vous	auriez	bu
ils	auraient	bu

Impératif

bois
buvons
buvez

Participe

Présent	Passé
buvant	bu(e)

kochen

Indicatif

Présent

je	bous
tu	bous
il	bout
nous	bouillons
vous	bouillez
ils	bouillent

Imparfait

je	bouillais
tu	bouillais
il	bouillait
nous	bouillions
vous	bouilliez
ils	bouillaient

Passé simple

je	bouillis
tu	bouillis
il	bouillit
nous	bouillîmes
vous	bouillîtes
ils	bouillirent

Futur simple

je	bouillirai
tu	bouilliras
il	bouillira
nous	bouillirons
vous	bouillirez
ils	bouilliront

Passé composé

j'	ai	bouilli
tu	as	bouilli
il	a	bouilli
nous	avons	bouilli
vous	avez	bouilli
ils	ont	bouilli

Plus-que-parfait

j'	avais	bouilli
tu	avais	bouilli
il	avait	bouilli
nous	avions	bouilli
vous	aviez	bouilli
ils	avaient	bouilli

Passé antérieur

j'	eus	bouilli
tu	eus	bouilli
il	eut	bouilli
nous	eûmes	bouilli
vous	eûtes	bouilli
ils	eurent	bouilli

Futur antérieur

j'	aurai	bouilli
tu	auras	bouilli
il	aura	bouilli
nous	aurons	bouilli
vous	aurez	bouilli
ils	auront	bouilli

Subjonctif

Présent

que	je	bouille
que	tu	bouilles
qu'	il	bouille
que	nous	bouillions
que	vous	bouilliez
qu'	ils	bouillent

Passé

que	j'	aie	bouilli
que	tu	aies	bouilli
qu'	il	ait	bouilli
que	nous	ayons	bouilli
que	vous	ayez	bouilli
qu'	ils	aient	bouilli

Imparfait

que	je	bouillisse
que	tu	bouillisses
qu'	il	bouillît
que	nous	bouillissions
que	vous	bouillissiez
qu'	ils	bouillissent

Plus-que-parfait

que	j'	eusse	bouilli
que	tu	eusses	bouilli
qu'	il	eût	bouilli
que	nous	eussions	bouilli
que	vous	eussiez	bouilli
qu'	ils	eussent	bouilli

Conditionnel

Présent

je	bouillirais
tu	bouillirais
il	bouillirait
nous	bouillirions
vous	bouilliriez
ils	bouilliraient

Passé

j'	aurais	bouilli
tu	aurais	bouilli
il	aurait	bouilli
nous	aurions	bouilli
vous	auriez	bouilli
ils	auraient	bouilli

Impératif

bous
bouillons
bouillez

Participe

Présent	Passé
bouillant	bouilli(e)

Indicatif

Présent

je	conduis
tu	conduis
il	conduit
nous	conduisons
vous	conduisez
ils	conduisent

Imparfait

je	conduisais
tu	conduisais
il	conduisait
nous	conduisions
vous	conduisiez
ils	conduisaient

Passé simple

je	conduisis
tu	conduisis
il	conduisit
nous	conduisîmes
vous	conduisîtes
ils	conduisirent

Futur simple

je	conduirai
tu	conduiras
il	conduira
nous	conduirons
vous	conduirez
ils	conduiront

Passé composé

j'	ai	conduit
tu	as	conduit
il	a	conduit
nous	avons	conduit
vous	avez	conduit
ils	ont	conduit

Plus-que-parfait

j'	avais	conduit
tu	avais	conduit
il	avait	conduit
nous	avions	conduit
vous	aviez	conduit
ils	avaient	conduit

Passé antérieur

j'	eus	conduit
tu	eus	conduit
il	eut	conduit
nous	eûmes	conduit
vous	eûtes	conduit
ils	eurent	conduit

Futur antérieur

j'	aurai	conduit
tu	auras	conduit
il	aura	conduit
nous	aurons	conduit
vous	aurez	conduit
ils	auront	conduit

Subjonctif

Présent

que	je	conduise
que	tu	conduises
qu'	il	conduise
que	nous	conduisions
que	vous	conduisiez
qu'	ils	conduisent

Passé

que	j'	aie	conduit
que	tu	aies	conduit
qu'	il	ait	conduit
que	nous	ayons	conduit
que	vous	ayez	conduit
qu'	ils	aient	conduit

Imparfait

que	je	conduisisse
que	tu	conduisisses
qu'	il	conduisît
que	nous	conduisissions
que	vous	conduisissiez
qu'	ils	conduisissent

Plus-que-parfait

que	j'	eusse	conduit
que	tu	eusses	conduit
qu'	il	eût	conduit
que	nous	eussions	conduit
que	vous	eussiez	conduit
qu'	ils	eussent	conduit

Conditionnel

Présent

je	conduirais
tu	conduirais
il	conduirait
nous	conduirions
vous	conduiriez
ils	conduiraient

Passé

j'	aurais	conduit
tu	aurais	conduit
il	aurait	conduit
nous	aurions	conduit
vous	auriez	conduit
ils	auraient	conduit

Impératif

conduis
conduisons
conduisez

Participe

Présent	Passé
conduisant	conduit(e)

kennen

Indicatif

Présent

je	connais
tu	connais
il	connaît
nous	connaissons
vous	connaissez
ils	connaissent

Imparfait

je	connaissais
tu	connaissais
il	connaissait
nous	connaissions
vous	connaissiez
ils	connaissaient

Passé simple

je	connus
tu	connus
il	connut
nous	connûmes
vous	connûtes
ils	connurent

Futur simple

je	connaîtrai
tu	connaîtras
il	connaîtra
nous	connaîtrons
vous	connaîtrez
ils	connaîtront

Passé composé

j'	ai	connu
tu	as	connu
il	a	connu
nous	avons	connu
vous	avez	connu
ils	ont	connu

Plus-que-parfait

j'	avais	connu
tu	avais	connu
il	avait	connu
nous	avions	connu
vous	aviez	connu
ils	avaient	connu

Passé antérieur

j'	eus	connu
tu	eus	connu
il	eut	connu
nous	eûmes	connu
vous	eûtes	connu
ils	eurent	connu

Futur antérieur

j'	aurai	connu
tu	auras	connu
il	aura	connu
nous	aurons	connu
vous	aurez	connu
ils	auront	connu

Subjonctif

Présent

que	je	connaisse
que	tu	connaisses
qu'	il	connaisse
que	nous	connaissions
que	vous	connaissiez
qu'	ils	connaissent

Passé

que	j'	aie	connu
que	tu	aies	connu
qu'	il	ait	connu
que	nous	ayons	connu
que	vous	ayez	connu
qu'	ils	aient	connu

Imparfait

que	je	connusse
que	tu	connusses
qu'	il	connût
que	nous	connussions
que	vous	connussiez
qu'	ils	connussent

Plus-que-parfait

que	j'	eusse	connu
que	tu	eusses	connu
qu'	il	eût	connu
que	nous	eussions	connu
que	vous	eussiez	connu
qu'	ils	eussent	connu

Conditionnel

Présent

je	connaîtrais
tu	connaîtrais
il	connaîtrait
nous	connaîtrions
vous	connaîtriez
ils	connaîtraient

Passé

j'	aurais	connu
tu	aurais	connu
il	aurait	connu
nous	aurions	connu
vous	auriez	connu
ils	auraient	connu

Impératif

connais
connaissons
connaissez

Participe

Présent	Passé
connaissant	connu(e)

Indicatif

Présent

je	couds
tu	couds
il	coud
nous	cousons
vous	cousez
ils	cousent

Imparfait

je	cousais
tu	cousais
il	cousait
nous	cousions
vous	cousiez
ils	cousaient

Passé simple

je	cousis
tu	cousis
il	cousit
nous	cousîmes
vous	cousîtes
ils	cousirent

Futur simple

je	coudrai
tu	coudras
il	coudra
nous	coudrons
vous	coudrez
ils	coudront

Passé composé

j'	ai	cousu
tu	as	cousu
il	a	cousu
nous	avons	cousu
vous	avez	cousu
ils	ont	cousu

Plus-que-parfait

j'	avais	cousu
tu	avais	cousu
il	avait	cousu
nous	avions	cousu
vous	aviez	cousu
ils	avaient	cousu

Passé antérieur

j'	eus	cousu
tu	eus	cousu
il	eut	cousu
nous	eûmes	cousu
vous	eûtes	cousu
ils	eurent	cousu

Futur antérieur

j'	aurai	cousu
tu	auras	cousu
il	aura	cousu
nous	aurons	cousu
vous	aurez	cousu
ils	auront	cousu

Subjonctif

Présent

que	je	couse
que	tu	couses
qu'	il	couse
que	nous	cousions
que	vous	cousiez
qu'	ils	cousent

Passé

que	j'	aie	cousu
que	tu	aies	cousu
qu'	il	ait	cousu
que	nous	ayons	cousu
que	vous	ayez	cousu
qu'	ils	aient	cousu

Imparfait

que	je	cousisse
que	tu	cousisses
qu'	il	cousît
que	nous	cousissions
que	vous	cousissiez
qu'	ils	cousissent

Plus-que-parfait

que	j'	eusse	cousu
que	tu	eusses	cousu
qu'	il	eût	cousu
que	nous	eussions	cousu
que	vous	eussiez	cousu
qu'	ils	eussent	cousu

Conditionnel

Présent

je	coudrais
tu	coudrais
il	coudrait
nous	coudrions
vous	coudriez
ils	coudraient

Passé

j'	aurais	cousu
tu	aurais	cousu
il	aurait	cousu
nous	aurions	cousu
vous	auriez	cousu
ils	auraient	cousu

Impératif

couds
cousons
cousez

Participe

Présent	Passé
cousant	cousu(e)

Indicatif

Présent

je	cours
tu	cours
il	court
nous	courons
vous	courez
ils	courent

Passé composé

j'	ai	couru
tu	as	couru
il	a	couru
nous	avons	couru
vous	avez	couru
ils	ont	couru

Imparfait

je	courais
tu	courais
il	courait
nous	courions
vous	couriez
ils	couraient

Plus-que-parfait

j'	avais	couru
tu	avais	couru
il	avait	couru
nous	avions	couru
vous	aviez	couru
ils	avaient	couru

Passé simple

je	courus
tu	courus
il	courut
nous	courûmes
vous	courûtes
ils	coururent

Passé antérieur

j'	eus	couru
tu	eus	couru
il	eut	couru
nous	eûmes	couru
vous	eûtes	couru
ils	eurent	couru

Futur simple

je	courrai
tu	courras
il	courra
nous	courrons
vous	courrez
ils	courront

Futur antérieur

j'	aurai	couru
tu	auras	couru
il	aura	couru
nous	aurons	couru
vous	aurez	couru
ils	auront	couru

Subjonctif

Présent

que	je	coure
que	tu	coures
qu'	il	coure
que	nous	courions
que	vous	couriez
qu'	ils	courent

Passé

que	j'	aie	couru
que	tu	aies	couru
qu'	il	ait	couru
que	nous	ayons	couru
que	vous	ayez	couru
qu'	ils	aient	couru

Imparfait

que	je	courusse
que	tu	courusses
qu'	il	courût
que	nous	courussions
que	vous	courussiez
qu'	ils	courussent

Plus-que-parfait

que	j'	eusse	couru
que	tu	eusses	couru
qu'	il	eût	couru
que	nous	eussions	couru
que	vous	eussiez	couru
qu'	ils	eussent	couru

Conditionnel

Présent

je	courrais
tu	courrais
il	courrait
nous	courrions
vous	courriez
ils	courraient

Passé

j'	aurais	couru
tu	aurais	couru
il	aurait	couru
nous	aurions	couru
vous	auriez	couru
ils	auraient	couru

Impératif

cours
courons
courez

Participe

Présent	Passé
courant	couru(e)

Indicatif

Présent

je	couvre
tu	couvres
il	couvre
nous	couvrons
vous	couvrez
ils	couvrent

Imparfait

je	couvrais
tu	couvrais
il	couvrait
nous	couvrions
vous	couvriez
ils	couvraient

Passé simple

je	couvris
tu	couvris
il	couvrit
nous	couvrîmes
vous	couvrîtes
ils	couvrirent

Futur simple

je	couvrirai
tu	couvriras
il	couvrira
nous	couvrirons
vous	couvrirez
ils	couvriront

Passé composé

j'	ai	couvert
tu	as	couvert
il	a	couvert
nous	avons	couvert
vous	avez	couvert
ils	ont	couvert

Plus-que-parfait

j'	avais	couvert
tu	avais	couvert
il	avait	couvert
nous	avions	couvert
vous	aviez	couvert
ils	avaient	couvert

Passé antérieur

j'	eus	couvert
tu	eus	couvert
il	eut	couvert
nous	eûmes	couvert
vous	eûtes	couvert
ils	eurent	couvert

Futur antérieur

j'	aurai	couvert
tu	auras	couvert
il	aura	couvert
nous	aurons	couvert
vous	aurez	couvert
ils	auront	couvert

Subjonctif

Présent

que	je	couvre
que	tu	couvres
qu'	il	couvre
que	nous	couvrions
que	vous	couvriez
qu'	ils	couvrent

Passé

que	j'	aie	couvert
que	tu	aies	couvert
qu'	il	ait	couvert
que	nous	ayons	couvert
que	vous	ayez	couvert
qu'	ils	aient	couvert

Imparfait

que	je	couvrisse
que	tu	couvrisses
qu'	il	couvrît
que	nous	couvrissions
que	vous	couvrissiez
qu'	ils	couvrissent

Plus-que-parfait

que	j'	eusse	couvert
que	tu	eusses	couvert
qu'	il	eût	couvert
que	nous	eussions	couvert
que	vous	eussiez	couvert
qu'	ils	eussent	couvert

Conditionnel

Présent

je	couvrirais
tu	couvrirais
il	couvrirait
nous	couvririons
vous	couvririez
ils	couvriraient

Passé

j'	aurais	couvert
tu	aurais	couvert
il	aurait	couvert
nous	aurions	couvert
vous	auriez	couvert
ils	auraient	couvert

Impératif

couvre
couvrons
couvrez

Participe

Présent	Passé
couvrant	couvert(e)

Indicatif

Présent

je	crains
tu	crains
il	craint
nous	craignons
vous	craignez
ils	craignent

Imparfait

je	craignais
tu	craignais
il	craignait
nous	craignions
vous	craigniez
ils	craignaient

Passé simple

je	craignis
tu	craignis
il	craignit
nous	craignîmes
vous	craignîtes
ils	craignirent

Futur simple

je	craindrai
tu	craindras
il	craindra
nous	craindrons
vous	craindrez
ils	craindront

Passé composé

j'	ai	craint
tu	as	craint
il	a	craint
nous	avons	craint
vous	avez	craint
ils	ont	craint

Plus-que-parfait

j'	avais	craint
tu	avais	craint
il	avait	craint
nous	avions	craint
vous	aviez	craint
ils	avaient	craint

Passé antérieur

j'	eus	craint
tu	eus	craint
il	eut	craint
nous	eûmes	craint
vous	eûtes	craint
ils	eurent	craint

Futur antérieur

j'	aurai	craint
tu	auras	craint
il	aura	craint
nous	aurons	craint
vous	aurez	craint
ils	auront	craint

Subjonctif

Présent

que	je	craigne
que	tu	craignes
qu'	il	craigne
que	nous	craignions
que	vous	craigniez
qu'	ils	craignent

Passé

que	j'	aie	craint
que	tu	aies	craint
qu'	il	ait	craint
que	nous	ayons	craint
que	vous	ayez	craint
qu'	ils	aient	craint

Imparfait

que	je	craignisse
que	tu	craignisses
qu'	il	craignît
que	nous	craignissions
que	vous	craignissiez
qu'	ils	craignissent

Plus-que-parfait

que	j'	eusse	craint
que	tu	eusses	craint
qu'	il	eût	craint
que	nous	eussions	craint
que	vous	eussiez	craint
qu'	ils	eussent	craint

Conditionnel

Présent

je	craindrais
tu	craindrais
il	craindrait
nous	craindrions
vous	craindriez
ils	craindraient

Passé

j'	aurais	craint
tu	aurais	craint
il	aurait	craint
nous	aurions	craint
vous	auriez	craint
ils	auraient	craint

Impératif

crains
craignons
craignez

Participe

Présent	Passé
craignant	craint(e)

Indicatif

Présent

je	crois
tu	crois
il	croit
nous	croyons
vous	croyez
ils	croient

Imparfait

je	croyais
tu	croyais
il	croyait
nous	croyions
vous	croyiez
ils	croyaient

Passé simple

je	crus
tu	crus
il	crut
nous	crûmes
vous	crûtes
ils	crurent

Futur simple

je	croirai
tu	croiras
il	croira
nous	croirons
vous	croirez
ils	croiront

Passé composé

j'	ai	cru
tu	as	cru
il	a	cru
nous	avons	cru
vous	avez	cru
ils	ont	cru

Plus-que-parfait

j'	avais	cru
tu	avais	cru
il	avait	cru
nous	avions	cru
vous	aviez	cru
ils	avaient	cru

Passé antérieur

j'	eus	cru
tu	eus	cru
il	eut	cru
nous	eûmes	cru
vous	eûtes	cru
ils	eurent	cru

Futur antérieur

j'	aurai	cru
tu	auras	cru
il	aura	cru
nous	aurons	cru
vous	aurez	cru
ils	auront	cru

Subjonctif

Présent

que	je	croie
que	tu	croies
qu'	il	croie
que	nous	croyions
que	vous	croyiez
qu'	ils	croient

Passé

que	j'	aie	cru
que	tu	aies	cru
qu'	il	ait	cru
que	nous	ayons	cru
que	vous	ayez	cru
qu'	ils	aient	cru

Imparfait

que	je	crusse
que	tu	crusses
qu'	il	crût
que	nous	crussions
que	vous	crussiez
qu'	ils	crussent

Plus-que-parfait

que	j'	eusse	cru
que	tu	eusses	cru
qu'	il	eût	cru
que	nous	eussions	cru
que	vous	eussiez	cru
qu'	ils	eussent	cru

Conditionnel

Présent

je	croirais
tu	croirais
il	croirait
nous	croirions
vous	croiriez
ils	croiraient

Passé

j'	aurais	cru
tu	aurais	cru
il	aurait	cru
nous	aurions	cru
vous	auriez	cru
ils	auraient	cru

Impératif

crois
croyons
croyez

Participe

Présent	Passé
croyant	cru(e)

34 croître
wachsen

Indicatif

Présent

je	croîs
tu	croîs
il	croît
nous	croissons
vous	croissez
ils	croissent

Passé composé

j'	ai	crû
tu	as	crû
il	a	crû
nous	avons	crû
vous	avez	crû
ils	ont	crû

Imparfait

je	croissais
tu	croissais
il	croissait
nous	croissions
vous	croissiez
ils	croissaient

Plus-que-parfait

j'	avais	crû
tu	avais	crû
il	avait	crû
nous	avions	crû
vous	aviez	crû
ils	avaient	crû

Passé simple

je	crûs
tu	crûs
il	crût
nous	crûmes
vous	crûtes
ils	crûrent

Passé antérieur

j'	eus	crû
tu	eus	crû
il	eut	crû
nous	eûmes	crû
vous	eûtes	crû
ils	eurent	crû

Futur simple

je	croîtrai
tu	croîtras
il	croîtra
nous	croîtrons
vous	croîtrez
ils	croîtront

Futur antérieur

j'	aurai	crû
tu	auras	crû
il	aura	crû
nous	aurons	crû
vous	aurez	crû
ils	auront	crû

Subjonctif

Présent

que	je	croisse
que	tu	croisses
qu'	il	croisse
que	nous	croissions
que	vous	croissiez
qu'	ils	croissent

Passé

que	j'	aie	crû
que	tu	aies	crû
qu'	il	ait	crû
que	nous	ayons	crû
que	vous	ayez	crû
qu'	ils	aient	crû

Imparfait

que	je	crûsse
que	tu	crûsses
qu'	il	crût
que	nous	crûssions
que	vous	crûssiez
qu'	ils	crûssent

Plus-que-parfait

que	j'	eusse	crû
que	tu	eusses	crû
qu'	il	eût	crû
que	nous	eussions	crû
que	vous	eussiez	crû
qu'	ils	eussent	crû

Conditionnel

Présent

je	croîtrais
tu	croîtrais
il	croîtrait
nous	croîtrions
vous	croîtriez
ils	croîtraient

Passé

j'	aurais	crû
tu	aurais	crû
il	aurait	crû
nous	aurions	crû
vous	auriez	crû
ils	auraient	crû

Impératif

croîs
croissons
croissez

Participe

Présent	Passé
croissant	crû (crue)

Indicatif

Présent

je	cueille
tu	cueilles
il	cueille
nous	cueillons
vous	cueillez
ils	cueillent

Imparfait

je	cueillais
tu	cueillais
il	cueillait
nous	cueillions
vous	cueilliez
ils	cueillaient

Passé simple

je	cueillis
tu	cueillis
il	cueillit
nous	cueillîmes
vous	cueillîtes
ils	cueillirent

Futur simple

je	cueillerai
tu	cueilleras
il	cueillera
nous	cueillerons
vous	cueillerez
ils	cueilleront

Passé composé

j'	ai	cueilli
tu	as	cueilli
il	a	cueilli
nous	avons	cueilli
vous	avez	cueilli
ils	ont	cueilli

Plus-que-parfait

j'	avais	cueilli
tu	avais	cueilli
il	avait	cueilli
nous	avions	cueilli
vous	aviez	cueilli
ils	avaient	cueilli

Passé antérieur

j'	eus	cueilli
tu	eus	cueilli
il	eut	cueilli
nous	eûmes	cueilli
vous	eûtes	cueilli
ils	eurent	cueilli

Futur antérieur

j'	aurai	cueilli
tu	auras	cueilli
il	aura	cueilli
nous	aurons	cueilli
vous	aurez	cueilli
ils	auront	cueilli

Subjonctif

Présent

que	je	cueille
que	tu	cueilles
qu'	il	cueille
que	nous	cueillions
que	vous	cueilliez
qu'	ils	cueillent

Passé

que	j'	aie	cueilli
que	tu	aies	cueilli
qu'	il	ait	cueilli
que	nous	ayons	cueilli
que	vous	ayez	cueilli
qu'	ils	aient	cueilli

Imparfait

que	je	cueillisse
que	tu	cueillisses
qu'	il	cueillît
que	nous	cueillissions
que	vous	cueillissiez
qu'	ils	cueillissent

Plus-que-parfait

que	j'	eusse	cueilli
que	tu	eusses	cueilli
qu'	il	eût	cueilli
que	nous	eussions	cueilli
que	vous	eussiez	cueilli
qu'	ils	eussent	cueilli

Conditionnel

Présent

je	cueillerais
tu	cueillerais
il	cueillerait
nous	cueillerions
vous	cueilleriez
ils	cueilleraient

Passé

j'	aurais	cueilli
tu	aurais	cueilli
il	aurait	cueilli
nous	aurions	cueilli
vous	auriez	cueilli
ils	auraient	cueilli

Impératif

cueille
cueillons
cueillez

Participe

Présent	Passé
cueillant	cueilli(e)

Indicatif

Présent

je	dois
tu	dois
il	doit
nous	devons
vous	devez
ils	doivent

Imparfait

je	devais
tu	devais
il	devait
nous	devions
vous	deviez
ils	devaient

Passé simple

je	dus
tu	dus
il	dut
nous	dûmes
vous	dûtes
ils	durent

Futur simple

je	devrai
tu	devras
il	devra
nous	devrons
vous	devrez
ils	devront

Passé composé

j'	ai	dû
tu	as	dû
il	a	dû
nous	avons	dû
vous	avez	dû
ils	ont	dû

Plus-que-parfait

j'	avais	dû
tu	avais	dû
il	avait	dû
nous	avions	dû
vous	aviez	dû
ils	avaient	dû

Passé antérieur

j'	eus	dû
tu	eus	dû
il	eut	dû
nous	eûmes	dû
vous	eûtes	dû
ils	eurent	dû

Futur antérieur

j'	aurai	dû
tu	auras	dû
il	aura	dû
nous	aurons	dû
vous	aurez	dû
ils	auront	dû

Subjonctif

Présent

que	je	doive
que	tu	doives
qu'	il	doive
que	nous	devions
que	vous	deviez
qu'	ils	doivent

Passé

que	j'	aie	dû
que	tu	aies	dû
qu'	il	ait	dû
que	nous	ayons	dû
que	vous	ayez	dû
qu'	ils	aient	dû

Imparfait

que	je	dusse
que	tu	dusses
qu'	il	dût
que	nous	dussions
que	vous	dussiez
qu'	ils	dussent

Plus-que-parfait

que	j'	eusse	dû
que	tu	eusses	dû
qu'	il	eût	dû
que	nous	eussions	dû
que	vous	eussiez	dû
qu'	ils	eussent	dû

Conditionnel

Présent

je	devrais
tu	devrais
il	devrait
nous	devrions
vous	devriez
ils	devraient

Passé

j'	aurais	dû
tu	aurais	dû
il	aurait	dû
nous	aurions	dû
vous	auriez	dû
ils	auraient	dû

Impératif

dois
devons
devez

Participe

Présent	Passé
devant	dû, due, du(e)s

Indicatif

Présent

je	dis
tu	dis
il	dit
nous	disons
vous	dites
ils	disent

Passé composé

j'	ai	dit
tu	as	dit
il	a	dit
nous	avons	dit
vous	avez	dit
ils	ont	dit

Imparfait

je	disais
tu	disais
il	disait
nous	disions
vous	disiez
ils	disaient

Plus-que-parfait

j'	avais	dit
tu	avais	dit
il	avait	dit
nous	avions	dit
vous	aviez	dit
ils	avaient	dit

Passé simple

je	dis
tu	dis
il	dit
nous	dîmes
vous	dîtes
ils	dirent

Passé antérieur

j'	eus	dit
tu	eus	dit
il	eut	dit
nous	eûmes	dit
vous	eûtes	dit
ils	eurent	dit

Futur simple

je	dirai
tu	diras
il	dira
nous	dirons
vous	direz
ils	diront

Futur antérieur

j'	aurai	dit
tu	auras	dit
il	aura	dit
nous	aurons	dit
vous	aurez	dit
ils	auront	dit

Subjonctif

Présent

que	je	dise
que	tu	dises
qu'	il	dise
que	nous	disions
que	vous	disiez
qu'	ils	disent

Passé

que	j'	aie	dit
que	tu	aies	dit
qu'	il	ait	dit
que	nous	ayons	dit
que	vous	ayez	dit
qu'	ils	aient	dit

Imparfait

que	je	disse
que	tu	disses
qu'	il	dît
que	nous	dissions
que	vous	dissiez
qu'	ils	dissent

Plus-que-parfait

que	j'	eusse	dit
que	tu	eusses	dit
qu'	il	eût	dit
que	nous	eussions	dit
que	vous	eussiez	dit
qu'	ils	eussent	dit

Conditionnel

Présent

je	dirais
tu	dirais
il	dirait
nous	dirions
vous	diriez
ils	diraient

Passé

j'	aurais	dit
tu	aurais	dit
il	aurait	dit
nous	aurions	dit
vous	auriez	dit
ils	auraient	dit

Impératif

dis
disons
dites

Participe

Présent	Passé
disant	dit(e)

Indicatif

Présent

je	dors
tu	dors
il	dort
nous	dormons
vous	dormez
ils	dorment

Imparfait

je	dormais
tu	dormais
il	dormait
nous	dormions
vous	dormiez
ils	dormaient

Passé simple

je	dormis
tu	dormis
il	dormit
nous	dormîmes
vous	dormîtes
ils	dormirent

Futur simple

je	dormirai
tu	dormiras
il	dormira
nous	dormirons
vous	dormirez
ils	dormiront

Passé composé

j'	ai	dormi
tu	as	dormi
il	a	dormi
nous	avons	dormi
vous	avez	dormi
ils	ont	dormi

Plus-que-parfait

j'	avais	dormi
tu	avais	dormi
il	avait	dormi
nous	avions	dormi
vous	aviez	dormi
ils	avaient	dormi

Passé antérieur

j'	eus	dormi
tu	eus	dormi
il	eut	dormi
nous	eûmes	dormi
vous	eûtes	dormi
ils	eurent	dormi

Futur antérieur

j'	aurai	dormi
tu	auras	dormi
il	aura	dormi
nous	aurons	dormi
vous	aurez	dormi
ils	auront	dormi

Subjonctif

Présent

que	je	dorme
que	tu	dormes
qu'	il	dorme
que	nous	dormions
que	vous	dormiez
qu'	ils	dorment

Passé

que	j'	aie	dormi
que	tu	aies	dormi
qu'	il	ait	dormi
que	nous	ayons	dormi
que	vous	ayez	dormi
qu'	ils	aient	dormi

Imparfait

que	je	dormisse
que	tu	dormisses
qu'	il	dormît
que	nous	dormissions
que	vous	dormissiez
qu'	ils	dormissent

Plus-que-parfait

que	j'	eusse	dormi
que	tu	eusses	dormi
qu'	il	eût	dormi
que	nous	eussions	dormi
que	vous	eussiez	dormi
qu'	ils	eussent	dormi

Conditionnel

Présent

je	dormirais
tu	dormirais
il	dormirait
nous	dormirions
vous	dormiriez
ils	dormiraient

Passé

j'	aurais	dormi
tu	aurais	dormi
il	aurait	dormi
nous	aurions	dormi
vous	auriez	dormi
ils	auraient	dormi

Impératif

dors
dormons
dormez

Participe

Présent	Passé
dormant	dormi *(unveränderlich)*

Indicatif

Présent

j'	écris
tu	écris
il	écrit
nous	écrivons
vous	écrivez
ils	écrivent

Imparfait

j'	écrivais
tu	écrivais
il	écrivait
nous	écrivions
vous	écriviez
ils	écrivaient

Passé simple

j'	écrivis
tu	écrivis
il	écrivit
nous	écrivîmes
vous	écrivîtes
ils	écrivirent

Futur simple

j'	écrirai
tu	écriras
il	écrira
nous	écrirons
vous	écrirez
ils	écriront

Passé composé

j'	ai	écrit
tu	as	écrit
il	a	écrit
nous	avons	écrit
vous	avez	écrit
ils	ont	écrit

Plus-que-parfait

j'	avais	écrit
tu	avais	écrit
il	avait	écrit
nous	avions	écrit
vous	aviez	écrit
ils	avaient	écrit

Passé antérieur

j'	eus	écrit
tu	eus	écrit
il	eut	écrit
nous	eûmes	écrit
vous	eûtes	écrit
ils	eurent	écrit

Futur antérieur

j'	aurai	écrit
tu	auras	écrit
il	aura	écrit
nous	aurons	écrit
vous	aurez	écrit
ils	auront	écrit

Subjonctif

Présent

que	j'	écrive
que	tu	écrives
qu'	il	écrive
que	nous	écrivions
que	vous	écriviez
qu'	ils	écrivent

Passé

que	j'	aie	écrit
que	tu	aies	écrit
qu'	il	ait	écrit
que	nous	ayons	écrit
que	vous	ayez	écrit
qu'	ils	aient	écrit

Imparfait

que	j'	écrivisse
que	tu	écrivisses
qu'	il	écrivît
que	nous	écrivissions
que	vous	écrivissiez
qu'	ils	écrivissent

Plus-que-parfait

que	j'	eusse	écrit
que	tu	eusses	écrit
qu'	il	eût	écrit
que	nous	eussions	écrit
que	vous	eussiez	écrit
qu'	ils	eussent	écrit

Conditionnel

Présent

j'	écrirais
tu	écrirais
il	écrirait
nous	écririons
vous	écririez
ils	écriraient

Passé

j'	aurais	écrit
tu	aurais	écrit
il	aurait	écrit
nous	aurions	écrit
vous	auriez	écrit
ils	auraient	écrit

Impératif

écris
écrivons
écrivez

Participe

Présent	Passé
écrivant	écrit(e)

ausschließen

Indicatif

Présent
j'	exclus
tu	exclus
il	exclut
nous	excluons
vous	excluez
ils	excluent

Imparfait
j'	excluais
tu	excluais
il	excluait
nous	excluions
vous	excluiez
ils	excluaient

Passé simple
j'	exclus
tu	exclus
il	exclut
nous	exclûmes
vous	exclûtes
ils	exclurent

Futur simple
j'	exclurai
tu	excluras
il	exclura
nous	exclurons
vous	exclurez
ils	excluront

Passé composé
j'	ai	exclu
tu	as	exclu
il	a	exclu
nous	avons	exclu
vous	avez	exclu
ils	ont	exclu

Plus-que-parfait
j'	avais	exclu
tu	avais	exclu
il	avait	exclu
nous	avions	exclu
vous	aviez	exclu
ils	avaient	exclu

Passé antérieur
j'	eus	exclu
tu	eus	exclu
il	eut	exclu
nous	eûmes	exclu
vous	eûtes	exclu
ils	eurent	exclu

Futur antérieur
j'	aurai	exclu
tu	auras	exclu
il	aura	exclu
nous	aurons	exclu
vous	aurez	exclu
ils	auront	exclu

Subjonctif

Présent
que	j'	exclue
que	tu	exclues
qu'	il	exclue
que	nous	excluions
que	vous	excluiez
qu'	ils	excluent

Passé
que	j'	aie	exclu
que	tu	aies	exclu
qu'	il	ait	exclu
que	nous	ayons	exclu
que	vous	ayez	exclu
qu'	ils	aient	exclu

Imparfait
que	j'	exclusse
que	tu	exclusses
qu'	il	exclût
que	nous	exclussions
que	vous	exclussiez
qu'	ils	exclussent

Plus-que-parfait
que	j'	eusse	exclu
que	tu	eusses	exclu
qu'	il	eût	exclu
que	nous	eussions	exclu
que	vous	eussiez	exclu
qu'	ils	eussent	exclu

Conditionnel

Présent
j'	exclurais
tu	exclurais
il	exclurait
nous	exclurions
vous	excluriez
ils	excluraient

Passé
j'	aurais	exclu
tu	aurais	exclu
il	aurait	exclu
nous	aurions	exclu
vous	auriez	exclu
ils	auraient	exclu

Impératif

exclus
excluons
excluez

Participe

Présent	Passé
excluant	exclu(e)

Indicatif

Présent

je	fais
tu	fais
il	fait
nous	faisons
vous	faites
ils	font

Imparfait

je	faisais
tu	faisais
il	faisait
nous	faisions
vous	faisiez
ils	faisaient

Passé simple

je	fis
tu	fis
il	fit
nous	fîmes
vous	fîtes
ils	firent

Futur simple

je	ferai
tu	feras
il	fera
nous	ferons
vous	ferez
ils	feront

Passé composé

j'	ai	fait
tu	as	fait
il	a	fait
nous	avons	fait
vous	avez	fait
ils	ont	fait

Plus-que-parfait

j'	avais	fait
tu	avais	fait
il	avait	fait
nous	avions	fait
vous	aviez	fait
ils	avaient	fait

Passé antérieur

j'	eus	fait
tu	eus	fait
il	eut	fait
nous	eûmes	fait
vous	eûtes	fait
ils	eurent	fait

Futur antérieur

j'	aurai	fait
tu	auras	fait
il	aura	fait
nous	aurons	fait
vous	aurez	fait
ils	auront	fait

Subjonctif

Présent

que	je	fasse
que	tu	fasses
qu'	il	fasse
que	nous	fassions
que	vous	fassiez
qu'	ils	fassent

Passé

que	j'	aie	fait
que	tu	aies	fait
qu'	il	ait	fait
que	nous	ayons	fait
que	vous	ayez	fait
qu'	ils	aient	fait

Imparfait

que	je	fisse
que	tu	fisses
qu'	il	fît
que	nous	fissions
que	vous	fissiez
qu'	ils	fissent

Plus-que-parfait

que	j'	eusse	fait
que	tu	eusses	fait
qu'	il	eût	fait
que	nous	eussions	fait
que	vous	eussiez	fait
qu'	ils	eussent	fait

Conditionnel

Présent

je	ferais
tu	ferais
il	ferait
nous	ferions
vous	feriez
ils	feraient

Passé

j'	aurais	fait
tu	aurais	fait
il	aurait	fait
nous	aurions	fait
vous	auriez	fait
ils	auraient	fait

Impératif

fais
faisons
faites

Participe

Présent	Passé
faisant	fait(e)

nötig sein

Indicatif

Présent
—
—
il faut
—
—
—

Imparfait
—
—
il fallait
—
—
—

Passé simple
—
—
il fallut
—
—
—

Futur simple
—
—
il faudra
—
—
—

Passé composé
—
—
il a fallu
—
—
—

Plus-que-parfait
—
—
il avait fallu
—
—
—

Passé antérieur
—
—
il eut fallu
—
—
—

Futur antérieur
—
—
il aura fallu
—
—
—

Subjonctif

Présent
—
—
qu' il faille
—
—
—

Passé
—
—
qu' il ait fallu
—
—
—

Imparfait
—
—
qu' il fallût
—
—
—

Plus-que-parfait
—
—
qu' il eût fallu
—
—
—

Conditionnel

Présent
—
—
il faudrait
—
—
—

Passé
—
—
il aurait fallu
—
—
—

Impératif

—
—
—

Participe

Présent
—

Passé
fallu *(unveränderlich)*

Indicatif

Présent

je	fuis
tu	fuis
il	fuit
nous	fuyons
vous	fuyez
ils	fuient

Imparfait

je	fuyais
tu	fuyais
il	fuyait
nous	fuyions
vous	fuyiez
ils	fuyaient

Passé simple

je	fuis
tu	fuis
il	fuit
nous	fuîmes
vous	fuîtes
ils	fuirent

Futur simple

je	fuirai
tu	fuiras
il	fuira
nous	fuirons
vous	fuirez
ils	fuiront

Passé composé

j'	ai	fui
tu	as	fui
il	a	fui
nous	avons	fui
vous	avez	fui
ils	ont	fui

Plus-que-parfait

j'	avais	fui
tu	avais	fui
il	avait	fui
nous	avions	fui
vous	aviez	fui
ils	avaient	fui

Passé antérieur

j'	eus	fui
tu	eus	fui
il	eut	fui
nous	eûmes	fui
vous	eûtes	fui
ils	eurent	fui

Futur antérieur

j'	aurai	fui
tu	auras	fui
il	aura	fui
nous	aurons	fui
vous	aurez	fui
ils	auront	fui

Subjonctif

Présent

que	je	fuie
que	tu	fuies
qu'	il	fuie
que	nous	fuyions
que	vous	fuyiez
qu'	ils	fuient

Passé

que	j'	aie	fui
que	tu	aies	fui
qu'	il	ait	fui
que	nous	ayons	fui
que	vous	ayez	fui
qu'	ils	aient	fui

Imparfait

que	je	fuisse
que	tu	fuisses
qu'	il	fuît
que	nous	fuissions
que	vous	fuissiez
qu'	ils	fuissent

Plus-que-parfait

que	j'	eusse	fui
que	tu	eusses	fui
qu'	il	eût	fui
que	nous	eussions	fui
que	vous	eussiez	fui
qu'	ils	eussent	fui

Conditionnel

Présent

je	fuirais
tu	fuirais
il	fuirait
nous	fuirions
vous	fuiriez
ils	fuiraient

Passé

j'	aurais	fui
tu	aurais	fui
il	aurait	fui
nous	aurions	fui
vous	auriez	fui
ils	auraient	fui

Impératif

fuis

fuyons

fuyez

Participe

Présent	Passé
fuyant	fui(e)

Indicatif

Présent

je	hais
tu	hais
il	hait
nous	haïssons
vous	haïssez
ils	haïssent

Imparfait

je	haïssais
tu	haïssais
il	haïssait
nous	haïssions
vous	haïssiez
ils	haïssaient

Passé simple

je	haïs
tu	haïs
il	haït
nous	haïmes
vous	haïtes
ils	haïrent

Futur simple

je	haïrai
tu	haïras
il	haïra
nous	haïrons
vous	haïrez
ils	haïront

Passé composé

j'	ai	haï
tu	as	haï
il	a	haï
nous	avons	haï
vous	avez	haï
ils	ont	haï

Plus-que-parfait

j'	avais	haï
tu	avais	haï
il	avait	haï
nous	avions	haï
vous	aviez	haï
ils	avaient	haï

Passé antérieur

j'	eus	haï
tu	eus	haï
il	eut	haï
nous	eûmes	haï
vous	eûtes	haï
ils	eurent	haï

Futur antérieur

j'	aurai	haï
tu	auras	haï
il	aura	haï
nous	aurons	haï
vous	aurez	haï
ils	auront	haï

Subjonctif

Présent

que	je	haïsse
que	tu	haïsses
qu'	il	haïsse
que	nous	haïssions
que	vous	haïssiez
qu'	ils	haïssent

Passé

que	j'	aie	haï
que	tu	aies	haï
qu'	il	ait	haï
que	nous	ayons	haï
que	vous	ayez	haï
qu'	ils	aient	haï

Imparfait

que	je	haïsse
que	tu	haïsses
qu'	il	haït
que	nous	haïssions
que	vous	haïssiez
qu'	ils	haïssent

Plus-que-parfait

que	j'	eusse	haï
que	tu	eusses	haï
qu'	il	eût	haï
que	nous	eussions	haï
que	vous	eussiez	haï
qu'	ils	eussent	haï

Conditionnel

Présent

je	haïrais
tu	haïrais
il	haïrait
nous	haïrions
vous	haïriez
ils	haïraient

Passé

j'	aurais	haï
tu	aurais	haï
il	aurait	haï
nous	aurions	haï
vous	auriez	haï
ils	auraient	haï

Impératif

hais
haïssons
haïssez

Participe

Présent	Passé
haïssant	haï(e)

Indicatif

Présent

je	joins
tu	joins
il	joint
nous	joignons
vous	joignez
ils	joignent

Passé composé

j'	ai	joint
tu	as	joint
il	a	joint
nous	avons	joint
vous	avez	joint
ils	ont	joint

Imparfait

je	joignais
tu	joignais
il	joignait
nous	joignions
vous	joigniez
ils	joignaient

Plus-que-parfait

j'	avais	joint
tu	avais	joint
il	avait	joint
nous	avions	joint
vous	aviez	joint
ils	avaient	joint

Passé simple

je	joignis
tu	joignis
il	joignit
nous	joignîmes
vous	joignîtes
ils	joignirent

Passé antérieur

j'	eus	joint
tu	eus	joint
il	eut	joint
nous	eûmes	joint
vous	eûtes	joint
ils	eurent	joint

Futur simple

je	joindrai
tu	joindras
il	joindra
nous	joindrons
vous	joindrez
ils	joindront

Futur antérieur

j'	aurai	joint
tu	auras	joint
il	aura	joint
nous	aurons	joint
vous	aurez	joint
ils	auront	joint

Subjonctif

Présent

que	je	joigne
que	tu	joignes
qu'	il	joigne
que	nous	joignions
que	vous	joigniez
qu'	ils	joignent

Passé

que	j'	aie	joint
que	tu	aies	joint
qu'	il	ait	joint
que	nous	ayons	joint
que	vous	ayez	joint
qu'	ils	aient	joint

Imparfait

que	je	joignisse
que	tu	joignisses
qu'	il	joignît
que	nous	joignissions
que	vous	joignissiez
qu'	ils	joignissent

Plus-que-parfait

que	j'	eusse	joint
que	tu	eusses	joint
qu'	il	eût	joint
que	nous	eussions	joint
que	vous	eussiez	joint
qu'	ils	eussent	joint

Conditionnel

Présent

je	joindrais
tu	joindrais
il	joindrait
nous	joindrions
vous	joindriez
ils	joindraient

Passé

j'	aurais	joint
tu	aurais	joint
il	aurait	joint
nous	aurions	joint
vous	auriez	joint
ils	auraient	joint

Impératif

joins
joignons
joignez

Participe

Présent	Passé
joignant	joint(e)

lesen

Indicatif

Présent

je	lis
tu	lis
il	lit
nous	lisons
vous	lisez
ils	lisent

Imparfait

je	lisais
tu	lisais
il	lisait
nous	lisions
vous	lisiez
ils	lisaient

Passé simple

je	lus
tu	lus
il	lut
nous	lûmes
vous	lûtes
ils	lurent

Futur simple

je	lirai
tu	liras
il	lira
nous	lirons
vous	lirez
ils	liront

Passé composé

j'	ai	lu
tu	as	lu
il	a	lu
nous	avons	lu
vous	avez	lu
ils	ont	lu

Plus-que-parfait

j'	avais	lu
tu	avais	lu
il	avait	lu
nous	avions	lu
vous	aviez	lu
ils	avaient	lu

Passé antérieur

j'	eus	lu
tu	eus	lu
il	eut	lu
nous	eûmes	lu
vous	eûtes	lu
ils	eurent	lu

Futur antérieur

j'	aurai	lu
tu	auras	lu
il	aura	lu
nous	aurons	lu
vous	aurez	lu
ils	auront	lu

Subjonctif

Présent

que	je	lise
que	tu	lises
qu'	il	lise
que	nous	lisions
que	vous	lisiez
qu'	ils	lisent

Passé

que	j'	aie	lu
que	tu	aies	lu
qu'	il	ait	lu
que	nous	ayons	lu
que	vous	ayez	lu
qu'	ils	aient	lu

Imparfait

que	je	lusse
que	tu	lusses
qu'	il	lût
que	nous	lussions
que	vous	lussiez
qu'	ils	lussent

Plus-que-parfait

que	j'	eusse	lu
que	tu	eusses	lu
qu'	il	eût	lu
que	nous	eussions	lu
que	vous	eussiez	lu
qu'	ils	eussent	lu

Conditionnel

Présent

je	lirais
tu	lirais
il	lirait
nous	lirions
vous	liriez
ils	liraient

Passé

j'	aurais	lu
tu	aurais	lu
il	aurait	lu
nous	aurions	lu
vous	auriez	lu
ils	auraient	lu

Impératif

lis
lisons
lisez

Participe

Présent	Passé
lisant	lu(e)

mettre 47

setzen, stellen, legen

Indicatif

Présent

je	mets
tu	mets
il	met
nous	mettons
vous	mettez
ils	mettent

Imparfait

je	mettais
tu	mettais
il	mettait
nous	mettions
vous	mettiez
ils	mettaient

Passé simple

je	mis
tu	mis
il	mit
nous	mîmes
vous	mîtes
ils	mirent

Futur simple

je	mettrai
tu	mettras
il	mettra
nous	mettrons
vous	mettrez
ils	mettront

Passé composé

j'	ai	mis
tu	as	mis
il	a	mis
nous	avons	mis
vous	avez	mis
ils	ont	mis

Plus-que-parfait

j'	avais	mis
tu	avais	mis
il	avait	mis
nous	avions	mis
vous	aviez	mis
ils	avaient	mis

Passé antérieur

j'	eus	mis
tu	eus	mis
il	eut	mis
nous	eûmes	mis
vous	eûtes	mis
ils	eurent	mis

Futur antérieur

j'	aurai	mis
tu	auras	mis
il	aura	mis
nous	aurons	mis
vous	aurez	mis
ils	auront	mis

Subjonctif

Présent

que	je	mette
que	tu	mettes
qu'	il	mette
que	nous	mettions
que	vous	mettiez
qu'	ils	mettent

Passé

que	j'	aie	mis
que	tu	aies	mis
qu'	il	ait	mis
que	nous	ayons	mis
que	vous	ayez	mis
qu'	ils	aient	mis

Imparfait

que	je	misse
que	tu	misses
qu'	il	mît
que	nous	missions
que	vous	missiez
qu'	ils	missent

Plus-que-parfait

que	j'	eusse	mis
que	tu	eusses	mis
qu'	il	eût	mis
que	nous	eussions	mis
que	vous	eussiez	mis
qu'	ils	eussent	mis

Conditionnel

Présent

je	mettrais
tu	mettrais
il	mettrait
nous	mettrions
vous	mettriez
ils	mettraient

Passé

j'	aurais	mis
tu	aurais	mis
il	aurait	mis
nous	aurions	mis
vous	auriez	mis
ils	auraient	mis

Impératif

mets
mettons
mettez

Participe

Présent	Passé
mettant	mis(e)

mahlen

Indicatif

Présent

je	mouds
tu	mouds
il	moud
nous	moulons
vous	moulez
ils	moulent

Imparfait

je	moulais
tu	moulais
il	moulait
nous	moulions
vous	mouliez
ils	moulaient

Passé simple

je	moulus
tu	moulus
il	moulut
nous	moulûmes
vous	moulûtes
ils	moulurent

Futur simple

je	moudrai
tu	moudras
il	moudra
nous	moudrons
vous	moudrez
ils	moudront

Passé composé

j'	ai	moulu
tu	as	moulu
il	a	moulu
nous	avons	moulu
vous	avez	moulu
ils	ont	moulu

Plus-que-parfait

j'	avais	moulu
tu	avais	moulu
il	avait	moulu
nous	avions	moulu
vous	aviez	moulu
ils	avaient	moulu

Passé antérieur

j'	eus	moulu
tu	eus	moulu
il	eut	moulu
nous	eûmes	moulu
vous	eûtes	moulu
ils	eurent	moulu

Futur antérieur

j'	aurai	moulu
tu	auras	moulu
il	aura	moulu
nous	aurons	moulu
vous	aurez	moulu
ils	auront	moulu

Subjonctif

Présent

que	je	moule
que	tu	moules
qu'	il	moule
que	nous	moulions
que	vous	mouliez
qu'	ils	moulent

Passé

que	j'	aie	moulu
que	tu	aies	moulu
qu'	il	ait	moulu
que	nous	ayons	moulu
que	vous	ayez	moulu
qu'	ils	aient	moulu

Imparfait

que	je	moulusse
que	tu	moulusses
qu'	il	moulût
que	nous	moulussions
que	vous	moulussiez
qu'	ils	moulussent

Plus-que-parfait

que	j'	eusse	moulu
que	tu	eusses	moulu
qu'	il	eût	moulu
que	nous	eussions	moulu
que	vous	eussiez	moulu
qu'	ils	eussent	moulu

Conditionnel

Présent

je	moudrais
tu	moudrais
il	moudrait
nous	moudrions
vous	moudriez
ils	moudraient

Passé

j'	aurais	moulu
tu	aurais	moulu
il	aurait	moulu
nous	aurions	moulu
vous	auriez	moulu
ils	auraient	moulu

Impératif

mouds
moulons
moulez

Participe

Présent	Passé
moulant	moulu(e)

Indicatif

Présent

je	meurs
tu	meurs
il	meurt
nous	mourons
vous	mourez
ils	meurent

Imparfait

je	mourais
tu	mourais
il	mourait
nous	mourions
vous	mouriez
ils	mouraient

Passé simple

je	mourus
tu	mourus
il	mourut
nous	mourûmes
vous	mourûtes
ils	moururent

Futur simple

je	mourrai
tu	mourras
il	mourra
nous	mourrons
vous	mourrez
ils	mourront

Passé composé

je	suis	mort
tu	es	mort
il	est	mort
nous	sommes	morts
vous	êtes	morts
ils	sont	morts

Plus-que-parfait

j'	étais	mort
tu	étais	mort
il	était	mort
nous	étions	morts
vous	étiez	morts
ils	étaient	morts

Passé antérieur

je	fus	mort
tu	fus	mort
il	fut	mort
nous	fûmes	morts
vous	fûtes	morts
ils	furent	morts

Futur antérieur

je	serai	mort
tu	seras	mort
il	sera	mort
nous	serons	morts
vous	serez	morts
ils	seront	morts

Subjonctif

Présent

que	je	meure
que	tu	meures
qu'	il	meure
que	nous	mourions
que	vous	mouriez
qu'	ils	meurent

Passé

que	je	sois	mort
que	tu	sois	mort
qu'	il	soit	mort
que	nous	soyons	morts
que	vous	soyez	morts
qu'	ils	soient	morts

Imparfait

que	je	mourusse
que	tu	mourusses
qu'	il	mourût
que	nous	mourussions
que	vous	mourussiez
qu'	ils	mourussent

Plus-que-parfait

que	je	fusse	mort
que	tu	fusses	mort
qu'	il	fût	mort
que	nous	fussions	morts
que	vous	fussiez	morts
qu'	ils	fussent	morts

Conditionnel

Présent

je	mourrais
tu	mourrais
il	mourrait
nous	mourrions
vous	mourriez
ils	mourraient

Passé

je	serais	mort
tu	serais	mort
il	serait	mort
nous	serions	morts
vous	seriez	morts
ils	seraient	morts

Impératif

meurs
mourons
mourez

Participe

Présent	Passé
mourant	mort(e)

bewegen

Indicatif

Présent

je	meus
tu	meus
il	meut
nous	mouvons
vous	mouvez
ils	meuvent

Imparfait

je	mouvais
tu	mouvais
il	mouvait
nous	mouvions
vous	mouviez
ils	mouvaient

Passé simple

je	mus
tu	mus
il	mut
nous	mûmes
vous	mûtes
ils	murent

Futur simple

je	mouvrai
tu	mouvras
il	mouvra
nous	mouvrons
vous	mouvrez
ils	mouvront

Passé composé

j'	ai	mû
tu	as	mû
il	a	mû
nous	avons	mû
vous	avez	mû
ils	ont	mû

Plus-que-parfait

j'	avais	mû
tu	avais	mû
il	avait	mû
nous	avions	mû
vous	aviez	mû
ils	avaient	mû

Passé antérieur

j'	eus	mû
tu	eus	mû
il	eut	mû
nous	eûmes	mû
vous	eûtes	mû
ils	eurent	mû

Futur antérieur

j'	aurai	mû
tu	auras	mû
il	aura	mû
nous	aurons	mû
vous	aurez	mû
ils	auront	mû

Subjonctif

Présent

que	je	meuve
que	tu	meuves
qu'	il	meuve
que	nous	mouvions
que	vous	mouviez
qu'	ils	meuvent

Passé

que	j'	aie	mû
que	tu	aies	mû
qu'	il	ait	mû
que	nous	ayons	mû
que	vous	ayez	mû
qu'	ils	aient	mû

Imparfait

que	je	musse
que	tu	musses
qu'	il	mût
que	nous	mussions
que	vous	mussiez
qu'	ils	mussent

Plus-que-parfait

que	j'	eusse	mû
que	tu	eusses	mû
qu'	il	eût	mû
que	nous	eussions	mû
que	vous	eussiez	mû
qu'	ils	eussent	mû

Conditionnel

Présent

je	mouvrais
tu	mouvrais
il	mouvrait
nous	mouvrions
vous	mouvriez
ils	mouvraient

Passé

j'	aurais	mû
tu	aurais	mû
il	aurait	mû
nous	aurions	mû
vous	auriez	mû
ils	auraient	mû

Impératif

meus
mouvons
mouvez

Participe

Présent	Passé
mouvant	mû (mue)

Indicatif

Présent

je	nais
tu	nais
il	naît
nous	naissons
vous	naissez
ils	naissent

Imparfait

je	naissais
tu	naissais
il	naissait
nous	naissions
vous	naissiez
ils	naissaient

Passé simple

je	naquis
tu	naquis
il	naquit
nous	naquîmes
vous	naquîtes
ils	naquirent

Futur simple

je	naîtrai
tu	naîtras
il	naîtra
nous	naîtrons
vous	naîtrez
ils	naîtront

Passé composé

je	suis	né
tu	es	né
il	est	né
nous	sommes	nés
vous	êtes	nés
ils	sont	nés

Plus-que-parfait

j'	étais	né
tu	étais	né
il	était	né
nous	étions	nés
vous	étiez	nés
ils	étaient	nés

Passé antérieur

je	fus	né
tu	fus	né
il	fut	né
nous	fûmes	nés
vous	fûtes	nés
ils	furent	nés

Futur antérieur

je	serai	né
tu	seras	né
il	sera	né
nous	serons	nés
vous	serez	nés
ils	seront	nés

Subjonctif

Présent

que	je	naisse
que	tu	naisses
qu'	il	naisse
que	nous	naissions
que	vous	naissiez
qu'	ils	naissent

Passé

que	je	sois	né
que	tu	sois	né
qu'	il	soit	né
que	nous	soyons	nés
que	vous	soyez	nés
qu'	ils	soient	nés

Imparfait

que	je	naquisse
que	tu	naquisses
qu'	il	naquît
que	nous	naquissions
que	vous	naquissiez
qu'	ils	naquissent

Plus-que-parfait

que	je	fusse	né
que	tu	fusses	né
qu'	il	fût	né
que	nous	fussions	nés
que	vous	fussiez	nés
qu'	ils	fussent	nés

Conditionnel

Présent

je	naîtrais
tu	naîtrais
il	naîtrait
nous	naîtrions
vous	naîtriez
ils	naîtraient

Passé

je	serais	né
tu	serais	né
il	serait	né
nous	serions	nés
vous	seriez	nés
ils	seraient	nés

Impératif

nais
naissons
naissez

Participe

Présent	Passé
naissant	né(e)

weggehen, wegfahren

Indicatif

Présent

je	pars
tu	pars
il	part
nous	partons
vous	partez
ils	partent

Imparfait

je	partais
tu	partais
il	partait
nous	partions
vous	partiez
ils	partaient

Passé simple

je	partis
tu	partis
il	partit
nous	partîmes
vous	partîtes
ils	partirent

Futur simple

je	partirai
tu	partiras
il	partira
nous	partirons
vous	partirez
ils	partiront

Passé composé

je	suis	parti
tu	es	parti
il	est	parti
nous	sommes	partis
vous	êtes	partis
ils	sont	partis

Plus-que-parfait

j'	étais	parti
tu	étais	parti
il	était	parti
nous	étions	partis
vous	étiez	partis
ils	étaient	partis

Passé antérieur

je	fus	parti
tu	fus	parti
il	fut	parti
nous	fûmes	partis
vous	fûtes	partis
ils	furent	partis

Futur antérieur

je	serai	parti
tu	seras	parti
il	sera	parti
nous	serons	partis
vous	serez	partis
ils	seront	partis

Subjonctif

Présent

que	je	parte
que	tu	partes
qu'	il	parte
que	nous	partions
que	vous	partiez
qu'	ils	partent

Passé

que	je	sois	parti
que	tu	sois	parti
qu'	il	soit	parti
que	nous	soyons	partis
que	vous	soyez	partis
qu'	ils	soient	partis

Imparfait

que	je	partisse
que	tu	partisses
qu'	il	partît
que	nous	partissions
que	vous	partissiez
qu'	ils	partissent

Plus-que-parfait

que	je	fusse	parti
que	tu	fusses	parti
qu'	il	fût	parti
que	nous	fussions	partis
que	vous	fussiez	partis
qu'	ils	fussent	partis

Conditionnel

Présent

je	partirais
tu	partirais
il	partirait
nous	partirions
vous	partiriez
ils	partiraient

Passé

je	serais	parti
tu	serais	parti
il	serait	parti
nous	serions	partis
vous	seriez	partis
ils	seraient	partis

Impératif

pars
partons
partez

Participe

Présent	Passé
partant	parti(e)

Indicatif

Présent

je	peins
tu	peins
il	peint
nous	peignons
vous	peignez
ils	peignent

Imparfait

je	peignais
tu	peignais
il	peignait
nous	peignions
vous	peigniez
ils	peignaient

Passé simple

je	peignis
tu	peignis
il	peignit
nous	peignîmes
vous	peignîtes
ils	peignirent

Futur simple

je	peindrai
tu	peindras
il	peindra
nous	peindrons
vous	peindrez
ils	peindront

Passé composé

j'	ai	peint
tu	as	peint
il	a	peint
nous	avons	peint
vous	avez	peint
ils	ont	peint

Plus-que-parfait

j'	avais	peint
tu	avais	peint
il	avait	peint
nous	avions	peint
vous	aviez	peint
ils	avaient	peint

Passé antérieur

j'	eus	peint
tu	eus	peint
il	eut	peint
nous	eûmes	peint
vous	eûtes	peint
ils	eurent	peint

Futur antérieur

j'	aurai	peint
tu	auras	peint
il	aura	peint
nous	aurons	peint
vous	aurez	peint
ils	auront	peint

Subjonctif

Présent

que	je	peigne
que	tu	peignes
qu'	il	peigne
que	nous	peignions
que	vous	peigniez
qu'	ils	peignent

Passé

que	j'	aie	peint
que	tu	aies	peint
qu'	il	ait	peint
que	nous	ayons	peint
que	vous	ayez	peint
qu'	ils	aient	peint

Imparfait

que	je	peignisse
que	tu	peignisses
qu'	il	peignît
que	nous	peignissions
que	vous	peignissiez
qu'	ils	peignissent

Plus-que-parfait

que	j'	eusse	peint
que	tu	eusses	peint
qu'	il	eût	peint
que	nous	eussions	peint
que	vous	eussiez	peint
qu'	ils	eussent	peint

Conditionnel

Présent

je	peindrais
tu	peindrais
il	peindrait
nous	peindrions
vous	peindriez
ils	peindraient

Passé

j'	aurais	peint
tu	aurais	peint
il	aurait	peint
nous	aurions	peint
vous	auriez	peint
ils	auraient	peint

Impératif

peins
peignons
peignez

Participe

Présent	Passé
peignant	peint(e)

plaire

gefallen

Indicatif

Présent

je	plais
tu	plais
il	plaît
nous	plaisons
vous	plaisez
ils	plaisent

Imparfait

je	plaisais
tu	plaisais
il	plaisait
nous	plaisions
vous	plaisiez
ils	plaisaient

Passé simple

je	plus
tu	plus
il	plut
nous	plûmes
vous	plûtes
ils	plurent

Futur simple

je	plairai
tu	plairas
il	plaira
nous	plairons
vous	plairez
ils	plairont

Passé composé

j'	ai	plu
tu	as	plu
il	a	plu
nous	avons	plu
vous	avez	plu
ils	ont	plu

Plus-que-parfait

j'	avais	plu
tu	avais	plu
il	avait	plu
nous	avions	plu
vous	aviez	plu
ils	avaient	plu

Passé antérieur

j'	eus	plu
tu	eus	plu
il	eut	plu
nous	eûmes	plu
vous	eûtes	plu
ils	eurent	plu

Futur antérieur

j'	aurai	plu
tu	auras	plu
il	aura	plu
nous	aurons	plu
vous	aurez	plu
ils	auront	plu

Subjonctif

Présent

que	je	plaise
que	tu	plaises
qu'	il	plaise
que	nous	plaisions
que	vous	plaisiez
qu'	ils	plaisent

Passé

que	j'	aie	plu
que	tu	aies	plu
qu'	il	ait	plu
que	nous	ayons	plu
que	vous	ayez	plu
qu'	ils	aient	plu

Imparfait

que	je	plusse
que	tu	plusses
qu'	il	plût
que	nous	plussions
que	vous	plussiez
qu'	ils	plussent

Plus-que-parfait

que	j'	eusse	plu
que	tu	eusses	plu
qu'	il	eût	plu
que	nous	eussions	plu
que	vous	eussiez	plu
qu'	ils	eussent	plu

Conditionnel

Présent

je	plairais
tu	plairais
il	plairait
nous	plairions
vous	plairiez
ils	plairaient

Passé

j'	aurais	plu
tu	aurais	plu
il	aurait	plu
nous	aurions	plu
vous	auriez	plu
ils	auraient	plu

Impératif

plais
plaisons
plaisez

Participe

Présent	Passé
plaisant	plu *(unveränderlich)*

Indicatif

Présent	Passé composé
—	—
—	—
il pleut	il a plu
—	—
—	—
ils pleuvent	ils ont plu

Imparfait	Plus-que-parfait
—	—
—	—
il pleuvait	il avait plu
—	—
—	—
ils pleuvaient	ils avaient plu

Passé simple	Passé antérieur
—	—
—	—
il plut	il eut plu
—	—
—	—
ils plurent	ils eurent plu

Futur simple	Futur antérieur
—	—
—	—
il pleuvra	il aura plu
—	—
—	—
ils pleuvront	ils auront plu

Subjonctif

Présent	Passé
—	—
—	—
qu' il pleuve	qu' il ait plu
—	—
—	—
qu' ils pleuvent	qu' ils aient plu

Imparfait	Plus-que-parfait
—	—
—	—
qu' il plût	qu' il eût plu
—	—
—	—
qu' ils plussent	qu' ils eurent plu

Conditionnel

Présent	Passé
—	—
—	—
il pleuvrait	il aurait plu
—	—
—	—
ils pleuvraient	ils auraient plu

Impératif

—

Participe

Présent	Passé
pleuvant	plu *(unveränderlich)*

für etwas sorgen

Indicatif

Présent

je	pourvois
tu	pourvois
il	pourvoit
nous	pourvoyons
vous	pourvoyez
ils	pourvoient

Imparfait

je	pourvoyais
tu	pourvoyais
il	pourvoyait
nous	pourvoyions
vous	pourvoyiez
ils	pourvoyaient

Passé simple

je	pourvus
tu	pourvus
il	pourvut
nous	pourvûmes
vous	pourvûtes
ils	pourvurent

Futur simple

je	pourvoirai
tu	pourvoiras
il	pourvoira
nous	pourvoirons
vous	pourvoirez
ils	pourvoiront

Passé composé

j'	ai	pourvu
tu	as	pourvu
il	a	pourvu
nous	avons	pourvu
vous	avez	pourvu
ils	ont	pourvu

Plus-que-parfait

j'	avais	pourvu
tu	avais	pourvu
il	avait	pourvu
nous	avions	pourvu
vous	aviez	pourvu
ils	avaient	pourvu

Passé antérieur

j'	eus	pourvu
tu	eus	pourvu
il	eut	pourvu
nous	eûmes	pourvu
vous	eûtes	pourvu
ils	eurent	pourvu

Futur antérieur

j'	aurai	pourvu
tu	auras	pourvu
il	aura	pourvu
nous	aurons	pourvu
vous	aurez	pourvu
ils	auront	pourvu

Subjonctif

Présent

que	je	pourvoie
que	tu	pourvoies
qu'	il	pourvoie
que	nous	pourvoyions
que	vous	pourvoyiez
qu'	ils	pourvoient

Passé

que	j'	aie	pourvu
que	tu	aies	pourvu
qu'	il	ait	pourvu
que	nous	ayons	pourvu
que	vous	ayez	pourvu
qu'	ils	aient	pourvu

Imparfait

que	je	pourvusse
que	tu	pourvusses
qu'	il	pourvût
que	nous	pourvussions
que	vous	pourvussiez
qu'	ils	pourvussent

Plus-que-parfait

que	j'	eusse	pourvu
que	tu	eusses	pourvu
qu'	il	eût	pourvu
que	nous	eussions	pourvu
que	vous	eussiez	pourvu
qu'	ils	eussent	pourvu

Conditionnel

Présent

je	pourvoirais
tu	pourvoirais
il	pourvoirait
nous	pourvoirions
vous	pourvoiriez
ils	pourvoiraient

Passé

j'	aurais	pourvu
tu	aurais	pourvu
il	aurait	pourvu
nous	aurions	pourvu
vous	auriez	pourvu
ils	auraient	pourvu

Impératif

pourvois
pourvoyons
pourvoyez

Participe

Présent	Passé
pourvoyant	pourvu(e)

Indicatif

Présent
je	peux / puis-je ?
tu	peux
il	peut
nous	pouvons
vous	pouvez
ils	peuvent

Passé composé
j'	ai	pu
tu	as	pu
il	a	pu
nous	avons	pu
vous	avez	pu
ils	ont	pu

Imparfait
je	pouvais
tu	pouvais
il	pouvait
nous	pouvions
vous	pouviez
ils	pouvaient

Plus-que-parfait
j'	avais	pu
tu	avais	pu
il	avait	pu
nous	avions	pu
vous	aviez	pu
ils	avaient	pu

Passé simple
je	pus
tu	pus
il	put
nous	pûmes
vous	pûtes
ils	purent

Passé antérieur
j'	eus	pu
tu	eus	pu
il	eut	pu
nous	eûmes	pu
vous	eûtes	pu
ils	eurent	pu

Futur simple
je	pourrai
tu	pourras
il	pourra
nous	pourrons
vous	pourrez
ils	pourront

Futur antérieur
j'	aurai	pu
tu	auras	pu
il	aura	pu
nous	aurons	pu
vous	aurez	pu
ils	auront	pu

Subjonctif

Présent
que	je	puisse
que	tu	puisses
qu'	il	puisse
que	nous	puissions
que	vous	puissiez
qu'	ils	puissent

Passé
que	j'	aie	pu
que	tu	aies	pu
qu'	il	ait	pu
que	nous	ayons	pu
que	vous	ayez	pu
qu'	ils	aient	pu

Imparfait
que	je	pusse
que	tu	pusses
qu'	il	pût
que	nous	pussions
que	vous	pussiez
qu'	ils	pussent

Plus-que-parfait
que	j'	eusse	pu
que	tu	eusses	pu
qu'	il	eût	pu
que	nous	eussions	pu
que	vous	eussiez	pu
qu'	ils	eussent	pu

Conditionnel

Présent
je	pourrais
tu	pourrais
il	pourrait
nous	pourrions
vous	pourriez
ils	pourraient

Passé
j'	aurais	pu
tu	aurais	pu
il	aurait	pu
nous	aurions	pu
vous	auriez	pu
ils	auraient	pu

Impératif

—
—
—

Participe

Présent	Passé
pouvant	pu *(unveränderlich)*

nehmen

Indicatif

Présent

je	prends
tu	prends
il	prend
nous	prenons
vous	prenez
ils	prennent

Imparfait

je	prenais
tu	prenais
il	prenait
nous	prenions
vous	preniez
ils	prenaient

Passé simple

je	pris
tu	pris
il	prit
nous	prîmes
vous	prîtes
ils	prirent

Futur simple

je	prendrai
tu	prendras
il	prendra
nous	prendrons
vous	prendrez
ils	prendront

Passé composé

j'	ai	pris
tu	as	pris
il	a	pris
nous	avons	pris
vous	avez	pris
ils	ont	pris

Plus-que-parfait

j'	avais	pris
tu	avais	pris
il	avait	pris
nous	avions	pris
vous	aviez	pris
ils	avaient	pris

Passé antérieur

j'	eus	pris
tu	eus	pris
il	eut	pris
nous	eûmes	pris
vous	eûtes	pris
ils	eurent	pris

Futur antérieur

j'	aurai	pris
tu	auras	pris
il	aura	pris
nous	aurons	pris
vous	aurez	pris
ils	auront	pris

Subjonctif

Présent

que	je	prenne
que	tu	prennes
qu'	il	prenne
que	nous	prenions
que	vous	preniez
qu'	ils	prennent

Passé

que	j'	aie	pris
que	tu	aies	pris
qu'	il	ait	pris
que	nous	ayons	pris
que	vous	ayez	pris
qu'	ils	aient	pris

Imparfait

que	je	prisse
que	tu	prisses
qu'	il	prît
que	nous	prissions
que	vous	prissiez
qu'	ils	prissent

Plus-que-parfait

que	j'	eusse	pris
que	tu	eusses	pris
qu'	il	eût	pris
que	nous	eussions	pris
que	vous	eussiez	pris
qu'	ils	eussent	pris

Conditionnel

Présent

je	prendrais
tu	prendrais
il	prendrait
nous	prendrions
vous	prendriez
ils	prendraient

Passé

j'	aurais	pris
tu	aurais	pris
il	aurait	pris
nous	aurions	pris
vous	auriez	pris
ils	auraient	pris

Impératif

prends
prenons
prenez

Participe

Présent	Passé
prenant	pris(e)

Indicatif

Présent

je	prévois
tu	prévois
il	prévoit
nous	prévoyons
vous	prévoyez
ils	prévoient

Imparfait

je	prévoyais
tu	prévoyais
il	prévoyait
nous	prévoyions
vous	prévoyiez
ils	prévoyaient

Passé simple

je	prévis
tu	prévis
il	prévit
nous	prévîmes
vous	prévîtes
ils	prévirent

Futur simple

je	prévoirai
tu	prévoiras
il	prévoira
nous	prévoirons
vous	prévoirez
ils	prévoiront

Passé composé

j'	ai	prévu
tu	as	prévu
il	a	prévu
nous	avons	prévu
vous	avez	prévu
ils	ont	prévu

Plus-que-parfait

j'	avais	prévu
tu	avais	prévu
il	avait	prévu
nous	avions	prévu
vous	aviez	prévu
ils	avaient	prévu

Passé antérieur

j'	eus	prévu
tu	eus	prévu
il	eut	prévu
nous	eûmes	prévu
vous	eûtes	prévu
ils	eurent	prévu

Futur antérieur

j'	aurai	prévu
tu	auras	prévu
il	aura	prévu
nous	aurons	prévu
vous	aurez	prévu
ils	auront	prévu

Subjonctif

Présent

que	je	prévoie
que	tu	prévoies
qu'	il	prévoie
que	nous	prévoyions
que	vous	prévoyiez
qu'	ils	prévoient

Passé

que	j'	aie	prévu
que	tu	aies	prévu
qu'	il	ait	prévu
que	nous	ayons	prévu
que	vous	ayez	prévu
qu'	ils	aient	prévu

Imparfait

que	je	prévisse
que	tu	prévisses
qu'	il	prévît
que	nous	prévissions
que	vous	prévissiez
qu'	ils	prévissent

Plus-que-parfait

que	j'	eusse	prévu
que	tu	eusses	prévu
qu'	il	eût	prévu
que	nous	eussions	prévu
que	vous	eussiez	prévu
qu'	ils	eussent	prévu

Conditionnel

Présent

je	prévoirais
tu	prévoirais
il	prévoirait
nous	prévoirions
vous	prévoiriez
ils	prévoiraient

Passé

j'	aurais	prévu
tu	aurais	prévu
il	aurait	prévu
nous	aurions	prévu
vous	auriez	prévu
ils	auraient	prévu

Impératif

prévois
prévoyons
prévoyez

Participe

Présent	Passé
prévoyant	prévu(e)

recevoir

bekommen

3. Gruppe

Achtung! Vor **-o** und **-u** wird **c** zu **ç**.

Indicatif

Présent

je	reçois
tu	reçois
il	reçoit
nous	recevons
vous	recevez
ils	reçoivent

Imparfait

je	recevais
tu	recevais
il	recevait
nous	recevions
vous	receviez
ils	recevaient

Passé simple

je	reçus
tu	reçus
il	reçut
nous	reçûmes
vous	reçûtes
ils	reçurent

Futur simple

je	recevrai
tu	recevras
il	recevra
nous	recevrons
vous	recevrez
ils	recevront

Passé composé

j'	ai	reçu
tu	as	reçu
il	a	reçu
nous	avons	reçu
vous	avez	reçu
ils	ont	reçu

Plus-que-parfait

j'	avais	reçu
tu	avais	reçu
il	avait	reçu
nous	avions	reçu
vous	aviez	reçu
ils	avaient	reçu

Passé antérieur

j'	eus	reçu
tu	eus	reçu
il	eut	reçu
nous	eûmes	reçu
vous	eûtes	reçu
ils	eurent	reçu

Futur antérieur

j'	aurai	reçu
tu	auras	reçu
il	aura	reçu
nous	aurons	reçu
vous	aurez	reçu
ils	auront	reçu

Subjonctif

Présent

que	je	reçoive
que	tu	reçoives
qu'	il	reçoive
que	nous	recevions
que	vous	receviez
qu'	ils	reçoivent

Passé

que	j'	aie	reçu
que	tu	aies	reçu
qu'	il	ait	reçu
que	nous	ayons	reçu
que	vous	ayez	reçu
qu'	ils	aient	reçu

Imparfait

que	je	reçusse
que	tu	reçusses
qu'	il	reçût
que	nous	reçussions
que	vous	reçussiez
qu'	ils	reçussent

Plus-que-parfait

que	j'	eusse	reçu
que	tu	eusses	reçu
qu'	il	eût	reçu
que	nous	eussions	reçu
que	vous	eussiez	reçu
qu'	ils	eussent	reçu

Conditionnel

Présent

je	recevrais
tu	recevrais
il	recevrait
nous	recevrions
vous	recevriez
ils	recevraient

Passé

j'	aurais	reçu
tu	aurais	reçu
il	aurait	reçu
nous	aurions	reçu
vous	auriez	reçu
ils	auraient	reçu

Impératif

reçois
recevons
recevez

Participe

Présent	Passé
recevant	reçu(e)

Indicatif

Présent

je	rends
tu	rends
il	rend
nous	rendons
vous	rendez
ils	rendent

Imparfait

je	rendais
tu	rendais
il	rendait
nous	rendions
vous	rendiez
ils	rendaient

Passé simple

je	rendis
tu	rendis
il	rendit
nous	rendîmes
vous	rendîtes
ils	rendirent

Futur simple

je	rendrai
tu	rendras
il	rendra
nous	rendrons
vous	rendrez
ils	rendront

Passé composé

j'	ai	rendu
tu	as	rendu
il	a	rendu
nous	avons	rendu
vous	avez	rendu
ils	ont	rendu

Plus-que-parfait

j'	avais	rendu
tu	avais	rendu
il	avait	rendu
nous	avions	rendu
vous	aviez	rendu
ils	avaient	rendu

Passé antérieur

j'	eus	rendu
tu	eus	rendu
il	eut	rendu
nous	eûmes	rendu
vous	eûtes	rendu
ils	eurent	rendu

Futur antérieur

j'	aurai	rendu
tu	auras	rendu
il	aura	rendu
nous	aurons	rendu
vous	aurez	rendu
ils	auront	rendu

Subjonctif

Présent

que	je	rende
que	tu	rendes
qu'	il	rende
que	nous	rendions
que	vous	rendiez
qu'	ils	rendent

Passé

que	j'	aie	rendu
que	tu	aies	rendu
qu'	il	ait	rendu
que	nous	ayons	rendu
que	vous	ayez	rendu
qu'	ils	aient	rendu

Imparfait

que	je	rendisse
que	tu	rendisses
qu'	il	rendît
que	nous	rendissions
que	vous	rendissiez
qu'	ils	rendissent

Plus-que-parfait

que	j'	eusse	rendu
que	tu	eusses	rendu
qu'	il	eût	rendu
que	nous	eussions	rendu
que	vous	eussiez	rendu
qu'	ils	eussent	rendu

Conditionnel

Présent

je	rendrais
tu	rendrais
il	rendrait
nous	rendrions
vous	rendriez
ils	rendraient

Passé

j'	aurais	rendu
tu	aurais	rendu
il	aurait	rendu
nous	aurions	rendu
vous	auriez	rendu
ils	auraient	rendu

Impératif

rends
rendons
rendez

Participe

Présent	Passé
rendant	rendu(e)

Indicatif

Présent

je	ris
tu	ris
il	rit
nous	rions
vous	riez
ils	rient

Imparfait

je	riais
tu	riais
il	riait
nous	riions
vous	riiez
ils	riaient

Passé simple

je	ris
tu	ris
il	rit
nous	rîmes
vous	rîtes
ils	rirent

Futur simple

je	rirai
tu	riras
il	rira
nous	rirons
vous	rirez
ils	riront

Passé composé

j'	ai	ri
tu	as	ri
il	a	ri
nous	avons	ri
vous	avez	ri
ils	ont	ri

Plus-que-parfait

j'	avais	ri
tu	avais	ri
il	avait	ri
nous	avions	ri
vous	aviez	ri
ils	avaient	ri

Passé antérieur

j'	eus	ri
tu	eus	ri
il	eut	ri
nous	eûmes	ri
vous	eûtes	ri
ils	eurent	ri

Futur antérieur

j'	aurai	ri
tu	auras	ri
il	aura	ri
nous	aurons	ri
vous	aurez	ri
ils	auront	ri

Subjonctif

Présent

que	je	rie
que	tu	ries
qu'	il	rie
que	nous	riions
que	vous	riiez
qu'	ils	rient

Passé

que	j'	aie	ri
que	tu	aies	ri
qu'	il	ait	ri
que	nous	ayons	ri
que	vous	ayez	ri
qu'	ils	aient	ri

Imparfait

que	je	risse
que	tu	risses
qu'	il	rît
que	nous	rissions
que	vous	rissiez
qu'	ils	rissent

Plus-que-parfait

que	j'	eusse	ri
que	tu	eusses	ri
qu'	il	eût	ri
que	nous	eussions	ri
que	vous	eussiez	ri
qu'	ils	eussent	ri

Conditionnel

Présent

je	rirais
tu	rirais
il	rirait
nous	ririons
vous	ririez
ils	riraient

Passé

j'	aurais	ri
tu	aurais	ri
il	aurait	ri
nous	aurions	ri
vous	auriez	ri
ils	auraient	ri

Impératif

ris
rions
riez

Participe

Présent	Passé
riant	ri *(unveränderlich)*

Indicatif

Présent

je	romps
tu	romps
il	rompt
nous	rompons
vous	rompez
ils	rompent

Imparfait

je	rompais
tu	rompais
il	rompait
nous	rompions
vous	rompiez
ils	rompaient

Passé simple

je	rompis
tu	rompis
il	rompit
nous	rompîmes
vous	rompîtes
ils	rompirent

Futur simple

je	romprai
tu	rompras
il	rompra
nous	romprons
vous	romprez
ils	rompront

Passé composé

j'	ai	rompu
tu	as	rompu
il	a	rompu
nous	avons	rompu
vous	avez	rompu
ils	ont	rompu

Plus-que-parfait

j'	avais	rompu
tu	avais	rompu
il	avait	rompu
nous	avions	rompu
vous	aviez	rompu
ils	avaient	rompu

Passé antérieur

j'	eus	rompu
tu	eus	rompu
il	eut	rompu
nous	eûmes	rompu
vous	eûtes	rompu
ils	eurent	rompu

Futur antérieur

j'	aurai	rompu
tu	auras	rompu
il	aura	rompu
nous	aurons	rompu
vous	aurez	rompu
ils	auront	rompu

Subjonctif

Présent

que	je	rompe
que	tu	rompes
qu'	il	rompe
que	nous	rompions
que	vous	rompiez
qu'	ils	rompent

Passé

que	j'	aie	rompu
que	tu	aies	rompu
qu'	il	ait	rompu
que	nous	ayons	rompu
que	vous	ayez	rompu
qu'	ils	aient	rompu

Imparfait

que	je	rompisse
que	tu	rompisses
qu'	il	rompît
que	nous	rompissions
que	vous	rompissiez
qu'	ils	rompissent

Plus-que-parfait

que	j'	eusse	rompu
que	tu	eusses	rompu
qu'	il	eût	rompu
que	nous	eussions	rompu
que	vous	eussiez	rompu
qu'	ils	eussent	rompu

Conditionnel

Présent

je	romprais
tu	romprais
il	romprait
nous	romprions
vous	rompriez
ils	rompraient

Passé

j'	aurais	rompu
tu	aurais	rompu
il	aurait	rompu
nous	aurions	rompu
vous	auriez	rompu
ils	auraient	rompu

Impératif

romps
rompons
rompez

Participe

Présent	Passé
rompant	rompu(e)

wissen

Indicatif

Présent

je	sais
tu	sais
il	sait
nous	savons
vous	savez
ils	savent

Imparfait

je	savais
tu	savais
il	savait
nous	savions
vous	saviez
ils	savaient

Passé simple

je	sus
tu	sus
il	sut
nous	sûmes
vous	sûtes
ils	surent

Futur simple

je	saurai
tu	sauras
il	saura
nous	saurons
vous	saurez
ils	sauront

Passé composé

j'	ai	su
tu	as	su
il	a	su
nous	avons	su
vous	avez	su
ils	ont	su

Plus-que-parfait

j'	avais	su
tu	avais	su
il	avait	su
nous	avions	su
vous	aviez	su
ils	avaient	su

Passé antérieur

j'	eus	su
tu	eus	su
il	eut	su
nous	eûmes	su
vous	eûtes	su
ils	eurent	su

Futur antérieur

j'	aurai	su
tu	auras	su
il	aura	su
nous	aurons	su
vous	aurez	su
ils	auront	su

Subjonctif

Présent

que	je	sache
que	tu	saches
qu'	il	sache
que	nous	sachions
que	vous	sachiez
qu'	ils	sachent

Passé

que	j'	aie	su
que	tu	aies	su
qu'	il	ait	su
que	nous	ayons	su
que	vous	ayez	su
qu'	ils	aient	su

Imparfait

que	je	susse
que	tu	susses
qu'	il	sût
que	nous	sussions
que	vous	sussiez
qu'	ils	sussent

Plus-que-parfait

que	j'	eusse	su
que	tu	eusses	su
qu'	il	eût	su
que	nous	eussions	su
que	vous	eussiez	su
qu'	ils	eussent	su

Conditionnel

Présent

je	saurais
tu	saurais
il	saurait
nous	saurions
vous	sauriez
ils	sauraient

Passé

j'	aurais	su
tu	aurais	su
il	aurait	su
nous	aurions	su
vous	auriez	su
ils	auraient	su

Impératif

sache
sachons
sachez

Participe

Présent	Passé
sachant	su(e)

servir 65

bedienen

Indicatif

Présent

je	sers
tu	sers
il	sert
nous	servons
vous	servez
ils	servent

Imparfait

je	servais
tu	servais
il	servait
nous	servions
vous	serviez
ils	servaient

Passé simple

je	servis
tu	servis
il	servit
nous	servîmes
vous	servîtes
ils	servirent

Futur simple

je	servirai
tu	serviras
il	servira
nous	servirons
vous	servirez
ils	serviront

Passé composé

j'	ai	servi
tu	as	servi
il	a	servi
nous	avons	servi
vous	avez	servi
ils	ont	servi

Plus-que-parfait

j'	avais	servi
tu	avais	servi
il	avait	servi
nous	avions	servi
vous	aviez	servi
ils	avaient	servi

Passé antérieur

j'	eus	servi
tu	eus	servi
il	eut	servi
nous	eûmes	servi
vous	eûtes	servi
ils	eurent	servi

Futur antérieur

j'	aurai	servi
tu	auras	servi
il	aura	servi
nous	aurons	servi
vous	aurez	servi
ils	auront	servi

Subjonctif

Présent

que	je	serve
que	tu	serves
qu'	il	serve
que	nous	servions
que	vous	serviez
qu'	ils	servent

Passé

que	j'	aie	servi
que	tu	aies	servi
qu'	il	ait	servi
que	nous	ayons	servi
que	vous	ayez	servi
qu'	ils	aient	servi

Imparfait

que	je	servisse
que	tu	servisses
qu'	il	servît
que	nous	servissions
que	vous	servissiez
qu'	ils	servissent

Plus-que-parfait

que	j'	eusse	servi
que	tu	eusses	servi
qu'	il	eût	servi
que	nous	eussions	servi
que	vous	eussiez	servi
qu'	ils	eussent	servi

Conditionnel

Présent

je	servirais
tu	servirais
il	servirait
nous	servirions
vous	serviriez
ils	serviraient

Passé

j'	aurais	servi
tu	aurais	servi
il	aurait	servi
nous	aurions	servi
vous	auriez	servi
ils	auraient	servi

Impératif

sers
servons
servez

Participe

Présent	Passé
servant	servi *(unveränderlich)*

Indicatif

Présent

je	suffis
tu	suffis
il	suffit
nous	suffisons
vous	suffisez
ils	suffisent

Imparfait

je	suffisais
tu	suffisais
il	suffisait
nous	suffisions
vous	suffisiez
ils	suffisaient

Passé simple

je	suffis
tu	suffis
il	suffit
nous	suffîmes
vous	suffîtes
ils	suffirent

Futur simple

je	suffirai
tu	suffiras
il	suffira
nous	suffirons
vous	suffirez
ils	suffiront

Passé composé

j'	ai	suffi
tu	as	suffi
il	a	suffi
nous	avons	suffi
vous	avez	suffi
ils	ont	suffi

Plus-que-parfait

j'	avais	suffi
tu	avais	suffi
il	avait	suffi
nous	avions	suffi
vous	aviez	suffi
ils	avaient	suffi

Passé antérieur

j'	eus	suffi
tu	eus	suffi
il	eut	suffi
nous	eûmes	suffi
vous	eûtes	suffi
ils	eurent	suffi

Futur antérieur

j'	aurai	suffi
tu	auras	suffi
il	aura	suffi
nous	aurons	suffi
vous	aurez	suffi
ils	auront	suffi

Subjonctif

Présent

que	je	suffise
que	tu	suffises
qu'	il	suffise
que	nous	suffisions
que	vous	suffisiez
qu'	ils	suffisent

Passé

que	j'	aie	suffi
que	tu	aies	suffi
qu'	il	ait	suffi
que	nous	ayons	suffi
que	vous	ayez	suffi
qu'	ils	aient	suffi

Imparfait

que	je	suffisse
que	tu	suffisses
qu'	il	suffît
que	nous	suffissions
que	vous	suffissiez
qu'	ils	suffissent

Plus-que-parfait

que	j'	eusse	suffi
que	tu	eusses	suffi
qu'	il	eût	suffi
que	nous	eussions	suffi
que	vous	eussiez	suffi
qu'	ils	eussent	suffi

Conditionnel

Présent

je	suffirais
tu	suffirais
il	suffirait
nous	suffirions
vous	suffiriez
ils	suffiraient

Passé

j'	aurais	suffi
tu	aurais	suffi
il	aurait	suffi
nous	aurions	suffi
vous	auriez	suffi
ils	auraient	suffi

Impératif

suffis
suffisons
suffisez

Participe

Présent	Passé
suffisant	suffi *(unveränderlich)*

Indicatif

Présent

je	suis
tu	suis
il	suit
nous	suivons
vous	suivez
ils	suivent

Imparfait

je	suivais
tu	suivais
il	suivait
nous	suivions
vous	suiviez
ils	suivaient

Passé simple

je	suivis
tu	suivis
il	suivit
nous	suivîmes
vous	suivîtes
ils	suivirent

Futur simple

je	suivrai
tu	suivras
il	suivra
nous	suivrons
vous	suivrez
ils	suivront

Passé composé

j'	ai	suivi
tu	as	suivi
il	a	suivi
nous	avons	suivi
vous	avez	suivi
ils	ont	suivi

Plus-que-parfait

j'	avais	suivi
tu	avais	suivi
il	avait	suivi
nous	avions	suivi
vous	aviez	suivi
ils	avaient	suivi

Passé antérieur

j'	eus	suivi
tu	eus	suivi
il	eut	suivi
nous	eûmes	suivi
vous	eûtes	suivi
ils	eurent	suivi

Futur antérieur

j'	aurai	suivi
tu	auras	suivi
il	aura	suivi
nous	aurons	suivi
vous	aurez	suivi
ils	auront	suivi

Subjonctif

Présent

que	je	suive
que	tu	suives
qu'	il	suive
que	nous	suivions
que	vous	suiviez
qu'	ils	suivent

Passé

que	j'	aie	suivi
que	tu	aies	suivi
qu'	il	ait	suivi
que	nous	ayons	suivi
que	vous	ayez	suivi
qu'	ils	aient	suivi

Imparfait

que	je	suivisse
que	tu	suivisses
qu'	il	suivît
que	nous	suivissions
que	vous	suivissiez
qu'	ils	suivissent

Plus-que-parfait

que	j'	eusse	suivi
que	tu	eusses	suivi
qu'	il	eût	suivi
que	nous	eussions	suivi
que	vous	eussiez	suivi
qu'	ils	eussent	suivi

Conditionnel

Présent

je	suivrais
tu	suivrais
il	suivrait
nous	suivrions
vous	suivriez
ils	suivraient

Passé

j'	aurais	suivi
tu	aurais	suivi
il	aurait	suivi
nous	aurions	suivi
vous	auriez	suivi
ils	auraient	suivi

Impératif

suis
suivons
suivez

Participe

Présent	Passé
suivant	suivi(e)

Achtung! Vor betonten Endungen, die mit Vokal beginnen wird ***-ai-*** zu ***-ay-***.

Indicatif

Présent

je	trais
tu	trais
il	trait
nous	trayons
vous	trayez
ils	traient

Imparfait

je	trayais
tu	trayais
il	trayait
nous	trayions
vous	trayiez
ils	trayaient

Passé simple

—
—
—
—
—
—

Futur simple

je	trairai
tu	trairas
il	traira
nous	trairons
vous	trairez
ils	trairont

Passé composé

j'	ai	trait
tu	as	trait
il	a	trait
nous	avons	trait
vous	avez	trait
ils	ont	trait

Plus-que-parfait

j'	avais	trait
tu	avais	trait
il	avait	trait
nous	avions	trait
vous	aviez	trait
ils	avaient	trait

Passé antérieur

j'	eus	trait
tu	eus	trait
il	eut	trait
nous	eûmes	trait
vous	eûtes	trait
ils	eurent	trait

Futur antérieur

j'	aurai	trait
tu	auras	trait
il	aura	trait
nous	aurons	trait
vous	aurez	trait
ils	auront	trait

Subjonctif

Présent

que	je	traie
que	tu	traies
qu'	il	traie
que	nous	trayions
que	vous	trayiez
qu'	ils	traient

Passé

que	j'	aie	trait
que	tu	aies	trait
qu'	il	ait	trait
que	nous	ayons	trait
que	vous	ayez	trait
qu'	ils	aient	trait

Imparfait

—
—
—
—
—
—

Plus-que-parfait

que	j'	eusse	trait
que	tu	eusses	trait
qu'	il	eût	trait
que	nous	eussions	trait
que	vous	eussiez	trait
qu'	ils	eussent	trait

Conditionnel

Présent

je	trairais
tu	trairais
il	trairait
nous	trairions
vous	trairiez
ils	trairaient

Passé

j'	aurais	trait
tu	aurais	trait
il	aurait	trait
nous	aurions	trait
vous	auriez	trait
ils	auraient	trait

Impératif

trais
trayons
trayez

Participe

Présent	Passé
trayant	trait(e)

Achtung! Vor einem Vokal wird **-c-** zu **-qu-**.

Indicatif

Présent

je	vaincs
tu	vaincs
il	vainc
nous	vainquons
vous	vainquez
ils	vainquent

Passé composé

j'	ai	vaincu
tu	as	vaincu
il	a	vaincu
nous	avons	vaincu
vous	avez	vaincu
ils	ont	vaincu

Imparfait

je	vainquais
tu	vainquais
il	vainquait
nous	vainquions
vous	vainquiez
ils	vainquaient

Plus-que-parfait

j'	avais	vaincu
tu	avais	vaincu
il	avait	vaincu
nous	avions	vaincu
vous	aviez	vaincu
ils	avaient	vaincu

Passé simple

je	vainquis
tu	vainquis
il	vainquit
nous	vainquîmes
vous	vainquîtes
ils	vainquirent

Passé antérieur

j'	eus	vaincu
tu	eus	vaincu
il	eut	vaincu
nous	eûmes	vaincu
vous	eûtes	vaincu
ils	eurent	vaincu

Futur simple

je	vaincrai
tu	vaincras
il	vaincra
nous	vaincrons
vous	vaincrez
ils	vaincront

Futur antérieur

j'	aurai	vaincu
tu	auras	vaincu
il	aura	vaincu
nous	aurons	vaincu
vous	aurez	vaincu
ils	auront	vaincu

Subjonctif

Présent

que	je	vainque
que	tu	vainques
qu'	il	vainque
que	nous	vainquions
que	vous	vainquiez
qu'	ils	vainquent

Passé

que	j'	aie	vaincu
que	tu	aies	vaincu
qu'	il	ait	vaincu
que	nous	ayons	vaincu
que	vous	ayez	vaincu
qu'	ils	aient	vaincu

Imparfait

que	je	vainquisse
que	tu	vainquisses
qu'	il	vainquît
que	nous	vainquissions
que	vous	vainquissiez
qu'	ils	vainquissent

Plus-que-parfait

que	j'	eusse	vaincu
que	tu	eusses	vaincu
qu'	il	eût	vaincu
que	nous	eussions	vaincu
que	vous	eussiez	vaincu
qu'	ils	eussent	vaincu

Conditionnel

Présent

je	vaincrais
tu	vaincrais
il	vaincrait
nous	vaincrions
vous	vaincriez
ils	vaincraient

Passé

j'	aurais	vaincu
tu	aurais	vaincu
il	aurait	vaincu
nous	aurions	vaincu
vous	auriez	vaincu
ils	auraient	vaincu

Impératif

vaincs
vainquons
vainquez

Participe

Présent

vainquant

Passé

vaincu(e)

Indicatif

Présent
je vaux
tu vaux
il vaut
nous valons
vous valez
ils valent

Imparfait
je valais
tu valais
il valait
nous valions
vous valiez
ils valaient

Passé simple
je valus
tu valus
il valut
nous valûmes
vous valûtes
ils valurent

Futur simple
je vaudrai
tu vaudras
il vaudra
nous vaudrons
vous vaudrez
ils vaudront

Passé composé
j' ai valu
tu as valu
il a valu
nous avons valu
vous avez valu
ils ont valu

Plus-que-parfait
j' avais valu
tu avais valu
il avait valu
nous avions valu
vous aviez valu
ils avaient valu

Passé antérieur
j' eus valu
tu eus valu
il eut valu
nous eûmes valu
vous eûtes valu
ils eurent valu

Futur antérieur
j' aurai valu
tu auras valu
il aura valu
nous aurons valu
vous aurez valu
ils auront valu

Subjonctif

Présent
que je vaille
que tu vailles
qu' il vaille
que nous valions
que vous valiez
qu' ils vaillent

Passé
que j' aie valu
que tu aies valu
qu' il ait valu
que nous ayons valu
que vous ayez valu
qu' ils aient valu

Imparfait
que je valusse
que tu valusses
qu' il valût
que nous valussions
que vous valussiez
qu' ils valussent

Plus-que-parfait
que j' eusse valu
que tu eusses valu
qu' il eût valu
que nous eussions valu
que vous eussiez valu
qu' ils eussent valu

Conditionnel

Présent
je vaudrais
tu vaudrais
il vaudrait
nous vaudrions
vous vaudriez
ils vaudraient

Passé
j' aurais valu
tu aurais valu
il aurait valu
nous aurions valu
vous auriez valu
ils auraient valu

Impératif
vaux
valons
valez

Participe

Présent
valant

Passé
valu(e)

Indicatif

Présent

je	viens
tu	viens
il	vient
nous	venons
vous	venez
ils	viennent

Imparfait

je	venais
tu	venais
il	venait
nous	venions
vous	veniez
ils	venaient

Passé simple

je	vins
tu	vins
il	vint
nous	vînmes
vous	vîntes
ils	vinrent

Futur simple

je	viendrai
tu	viendras
il	viendra
nous	viendrons
vous	viendrez
ils	viendront

Passé composé

je	suis	venu
tu	es	venu
il	est	venu
nous	sommes	venus
vous	êtes	venus
ils	sont	venus

Plus-que-parfait

j'	étais	venu
tu	étais	venu
il	était	venu
nous	étions	venus
vous	étiez	venus
ils	étaient	venus

Passé antérieur

je	fus	venu
tu	fus	venu
il	fut	venu
nous	fûmes	venus
vous	fûtes	venus
ils	furent	venus

Futur antérieur

je	serai	venu
tu	seras	venu
il	sera	venu
nous	serons	venus
vous	serez	venus
ils	seront	venus

Subjonctif

Présent

que	je	vienne
que	tu	viennes
qu'	il	vienne
que	nous	venions
que	vous	veniez
qu'	ils	viennent

Passé

que	je	sois	venu
que	tu	sois	venu
qu'	il	soit	venu
que	nous	soyons	venus
que	vous	soyez	venus
qu'	ils	soient	venus

Imparfait

que	je	vinsse
que	tu	vinsses
qu'	il	vînt
que	nous	vinssions
que	vous	vinssiez
qu'	ils	vinssent

Plus-que-parfait

que	je	fusse	venu
que	tu	fusses	venu
qu'	il	fût	venu
que	nous	fussions	venus
que	vous	fussiez	venus
qu'	ils	fussent	venus

Conditionnel

Présent

je	viendrais
tu	viendrais
il	viendrait
nous	viendrions
vous	viendriez
ils	viendraient

Passé

je	serais	venu
tu	serais	venu
il	serait	venu
nous	serions	venus
vous	seriez	venus
ils	seraient	venus

Impératif

viens
venons
venez

Participe

Présent	Passé
venant	venu(e)

vêtir

anziehen, bekleiden

Indicatif

Présent

je	vêts
tu	vêts
il	vêt
nous	vêtons
vous	vêtez
ils	vêtent

Imparfait

je	vêtais
tu	vêtais
il	vêtait
nous	vêtions
vous	vêtiez
ils	vêtaient

Passé simple

je	vêtis
tu	vêtis
il	vêtit
nous	vêtîmes
vous	vêtîtes
ils	vêtirent

Futur simple

je	vêtirai
tu	vêtiras
il	vêtira
nous	vêtirons
vous	vêtirez
ils	vêtiront

Passé composé

j'	ai	vêtu
tu	as	vêtu
il	a	vêtu
nous	avons	vêtu
vous	avez	vêtu
ils	ont	vêtu

Plus-que-parfait

j'	avais	vêtu
tu	avais	vêtu
il	avait	vêtu
nous	avions	vêtu
vous	aviez	vêtu
ils	avaient	vêtu

Passé antérieur

j'	eus	vêtu
tu	eus	vêtu
il	eut	vêtu
nous	eûmes	vêtu
vous	eûtes	vêtu
ils	eurent	vêtu

Futur antérieur

j'	aurai	vêtu
tu	auras	vêtu
il	aura	vêtu
nous	aurons	vêtu
vous	aurez	vêtu
ils	auront	vêtu

Subjonctif

Présent

que	je	vête
que	tu	vêtes
qu'	il	vête
que	nous	vêtions
que	vous	vêtiez
qu'	ils	vêtent

Passé

que	j'	aie	vêtu
que	tu	aies	vêtu
qu'	il	ait	vêtu
que	nous	ayons	vêtu
que	vous	ayez	vêtu
qu'	ils	aient	vêtu

Imparfait

que	je	vêtisse
que	tu	vêtisses
qu'	il	vêtît
que	nous	vêtissions
que	vous	vêtissiez
qu'	ils	vêtissent

Plus-que-parfait

que	j'	eusse	vêtu
que	tu	eusses	vêtu
qu'	il	eût	vêtu
que	nous	eussions	vêtu
que	vous	eussiez	vêtu
qu'	ils	eussent	vêtu

Conditionnel

Présent

je	vêtirais
tu	vêtirais
il	vêtirait
nous	vêtirions
vous	vêtiriez
ils	vêtiraient

Passé

j'	aurais	vêtu
tu	aurais	vêtu
il	aurait	vêtu
nous	aurions	vêtu
vous	auriez	vêtu
ils	auraient	vêtu

Impératif

vêts
vêtons
vêtez

Participe

Présent	Passé
vêtant	vêtu(e)

Indicatif

Présent

je	vis
tu	vis
il	vit
nous	vivons
vous	vivez
ils	vivent

Imparfait

je	vivais
tu	vivais
il	vivait
nous	vivions
vous	viviez
ils	vivaient

Passé simple

je	vécus
tu	vécus
il	vécut
nous	vécûmes
vous	vécûtes
ils	vécurent

Futur simple

je	vivrai
tu	vivras
il	vivra
nous	vivrons
vous	vivrez
ils	vivront

Passé composé

j'	ai	vécu
tu	as	vécu
il	a	vécu
nous	avons	vécu
vous	avez	vécu
ils	ont	vécu

Plus-que-parfait

j'	avais	vécu
tu	avais	vécu
il	avait	vécu
nous	avions	vécu
vous	aviez	vécu
ils	avaient	vécu

Passé antérieur

j'	eus	vécu
tu	eus	vécu
il	eut	vécu
nous	eûmes	vécu
vous	eûtes	vécu
ils	eurent	vécu

Futur antérieur

j'	aurai	vécu
tu	auras	vécu
il	aura	vécu
nous	aurons	vécu
vous	aurez	vécu
ils	auront	vécu

Subjonctif

Présent

que	je	vive
que	tu	vives
qu'	il	vive
que	nous	vivions
que	vous	viviez
qu'	ils	vivent

Passé

que	j'	aie	vécu
que	tu	aies	vécu
qu'	il	ait	vécu
que	nous	ayons	vécu
que	vous	ayez	vécu
qu'	ils	aient	vécu

Imparfait

que	je	vécusse
que	tu	vécusses
qu'	il	vécût
que	nous	vécussions
que	vous	vécussiez
qu'	ils	vécussent

Plus-que-parfait

que	j'	eusse	vécu
que	tu	eusses	vécu
qu'	il	eût	vécu
que	nous	eussions	vécu
que	vous	eussiez	vécu
qu'	ils	eussent	vécu

Conditionnel

Présent

je	vivrais
tu	vivrais
il	vivrait
nous	vivrions
vous	vivriez
ils	vivraient

Passé

j'	aurais	vécu
tu	aurais	vécu
il	aurait	vécu
nous	aurions	vécu
vous	auriez	vécu
ils	auraient	vécu

Impératif

vis
vivons
vivez

Participe

Présent	Passé
vivant	vécu(e)

sehen

Indicatif

Présent

je	vois
tu	vois
il	voit
nous	voyons
vous	voyez
ils	voient

Imparfait

je	voyais
tu	voyais
il	voyait
nous	voyions
vous	voyiez
ils	voyaient

Passé simple

je	vis
tu	vis
il	vit
nous	vîmes
vous	vîtes
ils	virent

Futur simple

je	verrai
tu	verras
il	verra
nous	verrons
vous	verrez
ils	verront

Passé composé

j'	ai	vu
tu	as	vu
il	a	vu
nous	avons	vu
vous	avez	vu
ils	ont	vu

Plus-que-parfait

j'	avais	vu
tu	avais	vu
il	avait	vu
nous	avions	vu
vous	aviez	vu
ils	avaient	vu

Passé antérieur

j'	eus	vu
tu	eus	vu
il	eut	vu
nous	eûmes	vu
vous	eûtes	vu
ils	eurent	vu

Futur antérieur

j'	aurai	vu
tu	auras	vu
il	aura	vu
nous	aurons	vu
vous	aurez	vu
ils	auront	vu

Subjonctif

Présent

que	je	voie
que	tu	voies
qu'	il	voie
que	nous	voyions
que	vous	voyiez
qu'	ils	voient

Passé

que	j'	aie	vu
que	tu	aies	vu
qu'	il	ait	vu
que	nous	ayons	vu
que	vous	ayez	vu
qu'	ils	aient	vu

Imparfait

que	je	visse
que	tu	visses
qu'	il	vît
que	nous	vissions
que	vous	vissiez
qu'	ils	vissent

Plus-que-parfait

que	j'	eusse	vu
que	tu	eusses	vu
qu'	il	eût	vu
que	nous	eussions	vu
que	vous	eussiez	vu
qu'	ils	eussent	vu

Conditionnel

Présent

je	verrais
tu	verrais
il	verrait
nous	verrions
vous	verriez
ils	verraient

Passé

j'	aurais	vu
tu	aurais	vu
il	aurait	vu
nous	aurions	vu
vous	auriez	vu
ils	auraient	vu

Impératif

vois
voyons
voyez

Participe

Présent	Passé
voyant	vu(e)

Indicatif

Présent

je	veux
tu	veux
il	veut
nous	voulons
vous	voulez
ils	veulent

Imparfait

je	voulais
tu	voulais
il	voulait
nous	voulions
vous	vouliez
ils	voulaient

Passé simple

je	voulus
tu	voulus
il	voulut
nous	voulûmes
vous	voulûtes
ils	voulurent

Futur simple

je	voudrai
tu	voudras
il	voudra
nous	voudrons
vous	voudrez
ils	voudront

Passé composé

j'	ai	voulu
tu	as	voulu
il	a	voulu
nous	avons	voulu
vous	avez	voulu
ils	ont	voulu

Plus-que-parfait

j'	avais	voulu
tu	avais	voulu
il	avait	voulu
nous	avions	voulu
vous	aviez	voulu
ils	avaient	voulu

Passé antérieur

j'	eus	voulu
tu	eus	voulu
il	eut	voulu
nous	eûmes	voulu
vous	eûtes	voulu
ils	eurent	voulu

Futur antérieur

j'	aurai	voulu
tu	auras	voulu
il	aura	voulu
nous	aurons	voulu
vous	aurez	voulu
ils	auront	voulu

Subjonctif

Présent

que	je	veuille
que	tu	veuilles
qu'	il	veuille
que	nous	voulions
que	vous	vouliez
qu'	ils	veuillent

Passé

que	j'	aie	voulu
que	tu	aies	voulu
qu'	il	ait	voulu
que	nous	ayons	voulu
que	vous	ayez	voulu
qu'	ils	aient	voulu

Imparfait

que	je	voulusse
que	tu	voulusses
qu'	il	voulût
que	nous	voulussions
que	vous	voulussiez
qu'	ils	voulussent

Plus-que-parfait

que	j'	eusse	voulu
que	tu	eusses	voulu
qu'	il	eût	voulu
que	nous	eussions	voulu
que	vous	eussiez	voulu
qu'	ils	eussent	voulu

Conditionnel

Présent

je	voudrais
tu	voudrais
il	voudrait
nous	voudrions
vous	voudriez
ils	voudraient

Passé

j'	aurais	voulu
tu	aurais	voulu
il	aurait	voulu
nous	aurions	voulu
vous	auriez	voulu
ils	auraient	voulu

Impératif

veux / veuille
voulons / veuillons
voulez / veuillez

Participe

Présent	Passé
voulant	voulu(e)

Indicatif

Présent

je	me	lève
tu	te	lèves
il	se	lève
nous	nous	levons
vous	vous	levez
ils	se	lèvent

Imparfait

je	me	levais
tu	te	levais
il	se	levait
nous	nous	levions
vous	vous	leviez
ils	se	levaient

Passé simple

je	me	levai
tu	te	levas
il	se	leva
nous	nous	levâmes
vous	vous	levâtes
ils	se	levèrent

Futur simple

je	me	lèverai
tu	te	lèveras
il	se	lèvera
nous	nous	lèverons
vous	vous	lèverez
ils	se	lèveront

Passé composé

je	me	suis	levé
tu	t'	es	levé
il	s'	est	levé
nous	nous	sommes	levés
vous	vous	êtes	levés
ils	se	sont	levés

Plus-que-parfait

je	m'	étais	levé
tu	t'	étais	levé
il	s'	était	levé
nous	nous	étions	levés
vous	vous	étiez	levés
ils	s'	étaient	levés

Passé antérieur

je	me	fus	levé
tu	te	fus	levé
il	se	fut	levé
nous	nous	fûmes	levés
vous	vous	fûtes	levés
ils	se	furent	levés

Futur antérieur

je	me	serai	levé
tu	te	seras	levé
il	se	sera	levé
nous	nous	serons	levés
vous	vous	serez	levés
ils	se	seront	levés

Subjonctif

Présent

que	je	me	lève
que	tu	te	lèves
qu'	il	se	lève
que	nous	nous	levions
que	vous	vous	leviez
qu'	ils	se	lèvent

Passé

que	je	me	sois	levé
que	tu	te	sois	levé
qu'	il	se	soit	levé
que	nous	nous	soyons	levés
que	vous	vous	soyez	levés
qu'	ils	se	soient	levés

Imparfait

que	je	me	levasse
que	tu	te	levasses
qu'	il	se	levât
que	nous	nous	levassions
que	vous	vous	levassiez
qu'	ils	se	levassent

Plus-que-parfait

que	je	me	fusse	levé
que	tu	te	fusses	levé
qu'	il	se	fût	levé
que	nous	nous	fussions	levés
que	vous	vous	fussiez	levés
qu'	ils	se	fussent	levés

Conditionnel

Présent

je	me	lèverais
tu	te	lèverais
il	se	lèverait
nous	nous	lèverions
vous	vous	lèveriez
ils	se	lèveraient

Passé

je	me	serais	levé
tu	te	serais	levé
il	se	serait	levé
nous	nous	serions	levés
vous	vous	seriez	levés
ils	se	seraient	levés

Impératif

lève-toi
levons-nous
levez-vous

Participe

Présent

se levant

Passé

s'étant levé

Indicatif

Présent

je	suis	élu
tu	es	élu
il	est	élu
nous	sommes	élus
vous	êtes	élus
ils	sont	élus

Imparfait

j'	étais	élu
tu	étais	élu
il	était	élu
nous	étions	élus
vous	étiez	élus
ils	étaient	élus

Passé simple

je	fus	élu
tu	fus	élu
il	fut	élu
nous	fûmes	élus
vous	fûtes	élus
ils	furent	élus

Futur simple

je	serai	élu
tu	seras	élu
il	sera	élu
nous	serons	élus
vous	serez	élus
ils	seront	élus

Passé composé

j'	ai	été	élu
tu	as	été	élu
il	a	été	élu
nous	avons	été	élus
vous	avez	été	élus
ils	ont	été	élus

Plus-que-parfait

j'	avais	été	élu
tu	avais	été	élu
il	avait	été	élu
nous	avions	été	élus
vous	aviez	été	élus
ils	avaient	été	élus

Passé antérieur

j'	eus	été	élu
tu	eus	été	élu
il	eut	été	élu
nous	eûmes	été	élus
vous	eûtes	été	élus
ils	eurent	été	élus

Futur antérieur

j'	aurai	été	élu
tu	auras	été	élu
il	aura	été	élu
nous	aurons	été	élus
vous	aurez	été	élus
ils	auront	été	élus

Subjonctif

Présent

que	je	sois	élu
que	tu	sois	élu
qu'	il	soit	élu
que	nous	soyons	élus
que	vous	soyez	élus
qu'	ils	soient	élus

Passé

que	j'	aie	été	élu
que	tu	aies	été	élu
qu'	il	ait	été	élu
que	nous	ayons	été	élus
que	vous	ayez	été	élus
qu'	ils	aient	été	élus

Imparfait

que	je	fusse	élu
que	tu	fusses	élu
qu'	il	fût	élu
que	nous	fussions	élus
que	vous	fussiez	élus
qu'	ils	fussent	élus

Plus-que-parfait

que	j'	eusse	été	élu
que	tu	eusses	été	élu
qu'	il	eût	été	élu
que	nous	eussions	été	élus
que	vous	eussiez	été	élus
qu'	ils	eussent	été	élus

Conditionnel

Présent

je	serais	élu
tu	serais	élu
il	serait	élu
nous	serions	élus
vous	seriez	élus
ils	seraient	élus

Passé

j'	aurais	été	élu
tu	aurais	été	élu
il	aurait	été	élu
nous	aurions	été	élus
vous	auriez	été	élus
ils	auraient	été	élus

Impératif

sois	élu
soyons	élus
soyez	élus

Participe

Présent

étant élu

Passé

ayant été élu

Unvollständige Verben

Einige französische Verben werden nur in bestimmten Zeitformen oder bestimmten Personen einer Zeitform verwendet. Die wichtigsten sind nachstehend aufgeführt.

bruire *rauschen*	Ind. présent: il bruit, ils bruissent Imparfait: il bruissait, ils bruissaient Subj. présent: qu'il bruisse, qu'ils bruissent Part. présent: bruissant bruire ist vor allem im Infinitiv und im Indicatif présent gebräuchlich. On entend bruire les vagues. *Man hört die Wellen rauschen.* Le vent bruit dans la forêt. *Der Wind rauscht im Wald.*
choir *fallen*	Ind. présent: je chois, tu chois, il choit, ils choient Passé simple: je chus, tu chus, il chut, nous chûmes, vous chûtes, ils churent Cond. présent: je choirais, tu choirais, il choirait, nous choirions, vous choiriez, ils choiraient Part. passé: chu(e) + zusammengesetzte Zeiten mit être (hin und wieder mit avoir) Il a laissé choir la balle du balcon. *Er hat den Ball vom Balkon fallen lassen.* On lui donna un coup qui le fit choir. *Man versetzte ihm einen Hieb, der ihn umwarf.* se laisser choir *sich fallen lassen*
clore *schließen*	Ind. présent: je clos, tu clos, il clôt, ils closent Futur simple: je clorai, tu cloras, il clora, nous clorons, vous clorez, ils cloront Cond. présent: je clorais, tu clorais, il clorait, nous clorions, vous cloriez, ils cloraient Subj. présent: que je close, que tu closes, qu'il close, que nous closions, que vous closiez, qu'ils closent Part. passé: clos(e) + zusammengesetzte Zeiten mit avoir Cela clôt le débat. *Das setzt der Diskussion ein Ende.* une boîte hermétiquement close *eine gut verschlossene Dose*

déchoir *verfallen*	Ind. présent:	je déchois, tu déchois, il déchoit, nous déchoyons, vous déchoyez, ils déchoient
	Passé simple:	je déchus, tu déchus, il déchut, nous déchûmes, vous déchûtes, ils déchurent
	Futur simple:	je déchoirai, tu déchoiras, il déchoira, nous déchoirons, vous déchoirez, ils déchoiront
	Cond. présent:	je déchoirais, tu déchoirais, il déchoirait, nous déchoirions, vous déchoiriez, ils déchoiraient
	Subj. présent:	que je déchoie, que tu déchoies, qu'il déchoie, que nous déchoyions, que vous déchoyiez, qu'ils déchoient
	Subj. imparfait:	que je déchusse, que tu déchusses, qu'il déchût, que nous déchussions, que vous déchussiez, qu'ils déchussent
	Part. passé:	déchu(e)
	+ zusammengesetzte Zeiten mit avoir oder être déchoir ist vor allem im Infinitiv sowie als Participe passé gebräuchlich. Sa réputation commence à déchoir. *Sein Ruf wird allmählich schlechter.* Elle commença à déchoir. *Sie begann zu altern.* déchoir de son rang *seinen Rang verlieren*	
échoir *ablaufen, fällig werden*	Ind. présent:	il échoit, ils échoient
	Imparfait:	il échoyait, ils échoyaient
	Passé simple:	il échut, ils échurent
	Futur simple:	il échoira, ils échoiront / il écherra, ils écherront
	Cond. présent:	il échoirait, ils échoiraient
	Subj. présent:	qu'il échoie, qu'ils échoient
	Subj. imparfait:	qu'il échût, qu'ils échussent
	Part. présent:	échéant
	Part. passé:	échu(e)
	+ zusammengesetzte Zeiten mit être oder avoir échoir ist vor allem im Infinitiv, als Participe présent und Participe passé gebräuchlich. Le premier terme échoit au 1er décembre. *Die erste Zahlung ist am 1. Dezember fällig.* Il lui est échu une succession à laquelle il ne pensait pas. *Ihm ist ein Erbe zugefallen, an das er nicht dachte.* le cas échéant *gegebenenfalls*	

éclore *aufblühen, ausschlüpfen*	Ind. présent: il éclôt / il éclot, ils éclosent + übrige Zeiten wie clore, jedoch nur in der 3. Person Singular und Plural Die zusammengesetzten Zeiten werden mit être, hin und wieder auch mit avoir gebildet. Les poussins viennent d'éclore. *Die Küken sind frisch geschlüpft.* Ces fleurs sont écloses cette nuit. *Diese Blumen sind letzte Nacht aufgeblüht.* Ce siècle vit éclore de grands génies. *Dieses Jahrhundert brachte viele Genies hervor.*
faillir *beinahe etwas tun*	Ind. présent, Imparfait, Futur simple, Cond. présent: wie finir (Nr. 17) Passé simple: je faillis, tu faillis, il faillit, nous faillîmes, vous faillîtes, ils faillirent Part. présent: faillant Part. passé: failli + zusammengesetzte Zeiten mit avoir faillir ist vor allem im Infinitiv, Passé simple sowie in den zusammengesetzten Zeiten gebräuchlich. J'ai failli mourir. *Ich wäre beinahe gestorben.* Il a failli l'oublier. *Er hätte sie fast vergessen.*
frire *braten*	Ind. présent: je fris, tu fris, il frit Futur simple: je frirai, tu friras, il frira, nous frirons, vous frirez, ils friront Cond. présent: je frirais, tu frirais, il frirait, nous fririons, vous fririez, ils friraient Impératif: fris Part. passé: frit(e) + zusammengesetzte Zeiten mit avoir Für die übrigen Zeiten wird faire frire benutzt. frire ist vor allem im Infinitiv und als Participe passé gebräuchlich. Elle a mis le poisson à frire. *Sie hat den Fisch gebraten.*

gésir *liegen*	Ind. présent:	je gis, tu gis, il gît, nous gisons, vous gisez, ils gisent
	Imparfait:	je gisais, tu gisais, il gisait, nous gisions, vous gisiez, ils gisaient
	Part. présent:	gisant
	Il gisait dans son sang. *Er lag in seinem Blut.*	
	Ci-gît un illustre auteur. *Hier liegt ein berühmter Autor begraben.*	
ouïr *hören*	Part. passé:	ouï(e)
	+ zusammengesetzte Zeiten mit avoir	
	On a fait ouïr des témoins. *Es wurden Zeugen vernommen.*	
paître *weiden*	Ind. présent:	je pais, tu pais, il paît, nous paissons, vous paissez, ils paissent
	Imparfait:	je paissais, tu paissais, il paissait, nous paissions, vous paissiez, ils paissaient
	Futur simple:	je paîtrai, tu paîtras, il paîtra, nous paîtrons, vous paîtrez, ils paîtront
	Cond. présent:	je paîtrais, tu paîtrais, il paîtrait, nous paîtrions, vous paîtriez, ils paîtraient
	Subj. présent:	que je paisse, que tu paisses, qu'il paisse, que nous paissions, que vous paissiez, qu'ils paissent
	Part. présent:	paissant
	Les vaches paissent dans le pré. *Die Kühe weiden auf der Wiese.*	
poindre *sprießen; anbrechen*	Ind. présent:	il point
	Imparfait:	il poignait
	Futur simple:	il poindra
	Cond. présent:	il poindrait
	Part. présent:	poignant
	Je partirai dès que le jour poindra. *Ich werde gehen, sobald der Tag anbricht.*	
	Vorsicht! Die Form poignant hat eine abweichende Bedeutung:	
	Ce film est vraiment poignant. *Dieser Film ist wirklich ergreifend.*	

quérir *suchen*	quérir ist nur im Infinitiv nach aller, envoyer, faire und venir gebräuchlich. Allez me quérir le directeur. *Holen Sie mir den Direktor.*
seoir *gut stehen*	Ind. présent: il sied, ils siéent Imparfait: il seyait, ils seyaient Futur simple: il siéra, ils siéront Cond. présent: il siérait, ils siéraient Subj. présent: qu'il siée, qu'ils siéent Part. présent: seyant Vor allem das Participe présent von seoir ist gebräuchlich. une robe très seyante *ein sehr gut sitzendes Kleid*

Präpositionen der häufigsten Verben

Wenn Du Französisch lernst, kann es manchmal schwierig sein, nach einem Verb (mit oder ohne Infinitiv) die richtige Präposition auszuwählen.
Im Folgenden findest Du vor allem alle diejenigen Verben, die im Französischen eine andere Präposition führen als im Deutschen.

s'agir **de** qc *sich um etw. handeln*	Il s'agit d'un thème très intéressant.
aider qn **à** (faire) qc *jdm. bei etw. helfen*	Peux-tu m'aider à porter cette valise ?
aller **en** ... *mit ... fahren / gehen*	Ils y sont allés en train.
s'amuser **de** qc / qn *sich über etw. / jdn. lustig machen*	Tu t'amuses de moi ?
s'amuser **à** faire qc *seinen Spaß daran haben, etw. zu tun*	Il s'amuse à faire le clown.
s'apercevoir **de** qc *etw. (be)merken*	Je me suis alors aperçu de son départ.
appartenir **à** qn *jdm. gehören*	Ce livre appartient à Philippe.
apprendre **à** faire qc *lernen, etw. zu tun*	Il apprend à dessiner.
(s') approcher **de** qc / qn *sich etw. / jdm. nähern*	Il s'approchait lentement de moi.
assister **à** qc *bei etw. dabei sein*	Vous assistez au spectacle ce soir ?
s'attendre **à** qc *etw. erwarten*	Je ne m'attendais pas à la voir.
avertir qn **de** qc *jdn. vor etw. warnen*	Il m'avertissait toujours du danger.
bénéficier **de** qc *von etw. profitieren*	Vous bénéficierez d'une réduction.
cesser **de** faire qc *aufhören, etw. zu tun*	Cessez de m'interrompre !
changer **de** qc *etw. wechseln*	Vous avez changé de travail ?

commencer ***à*** / ***de*** faire qc *anfangen, etw. zu tun*	Elle a commencé à travailler hier.
commencer ***par*** qc *mit etw. beginnen*	Il commença par l'introduction.
comparer ***avec*** / ***à*** qc *mit etw. vergleichen*	Il compare ses résultats à ceux de son frère.
compter ***sur*** qc / qn *mit etw. / jdm. rechnen*	Je compte sur vous dimanche.
conduire ***à*** qc *zu etw. führen*	Je vous conduis à votre chambre.
se consacrer ***à*** qc *sich etw. widmen*	Il se consacre à la peinture.
consentir ***à*** faire qc *einwilligen, etw. zu tun*	Elle a consenti à l'épouser.
se contenter ***de*** qc *sich mit etw. zufrieden geben*	Vous vous contenterez de cela !
continuer ***à*** / ***de*** faire qc *weiter(hin) etw. tun*	Continuez à / de parler !
contribuer ***à*** qc *zu etw. beitragen*	Il a contribué à mon succès.
convaincre qn ***de*** qc *jdn. von etw. überzeugen*	Il faut le convaincre de partir.
croire qn *jdm. glauben*	Je ne le crois pas.
croire ***à*** / ***en*** qc *an etw. glauben*	Je crois aux fantômes. Je crois en Dieu.
décider ***de*** qc *über etw. entscheiden*	Il décide du budget de l'entreprise.
se décider ***à*** faire qc *sich entschließen, etw. zu tun*	Je me suis décidée à partir en vacances.
demander qc ***à*** qn *jdn. etw. fragen*	Il doit le demander à son chef.
dépendre ***de*** qc / qn *von etw. / jdm. abhängen*	Cela dépend de vous.
discuter ***de*** qc *über etw. diskutieren / sprechen*	De quoi discutent-elles ?

disposer **de** qc *über etw. verfügen*	Ils disposent de beaucoup d'argent.
douter **de** qc / qn *an etw. / jdm. zweifeln*	Ils doutent de ses propos.
échouer **à** qc *an etw. scheitern*	Elle a échoué à son examen.
écouter qn *jdm. zuhören*	Vous m'écoutez ?
empêcher qn **de** faire qc *jdn. (daran) hindern, etw. zu tun*	Il l'empêche toujours de dormir.
entourer **de** qc *mit etw. umgeben*	Elle l'entourait toujours d'amour.
essayer **de** faire qc *versuchen, etw. zu tun*	Tu essaieras de faire mieux !
s'essayer **à** qc *sich in / an etw. versuchen*	Elle s'essayait à la musique.
s'étonner **de** qc *sich über etw. wundern*	Tu t'étonnes de cela ?
éviter **de** faire qc *vermeiden, etw. zu tun*	Nous éviterons de leur en parler.
féliciter qn **de** qc *jdm. zu etw. gratulieren*	Je vous félicite de votre succès.
finir **de** faire qc *etw. beenden; aufhören, etw. zu tun*	Tu as fini de travailler ?
fournir qc **à** qn *jdm. etw. liefern / geben*	Elle lui fournit son pain.
habiter **à / dans** *wohnen in*	Ils habitent dans une maison à la campagne.
s'habituer **à** qc / qn *sich an etw. / jdn. gewöhnen*	Elle s'est habituée à lui.
hésiter **à** faire qc *zögern, etw. zu tun*	Elle a hésité à venir.
insister **sur** qc *etw. betonen*	J'ai insisté sur l'importance de cette affaire.
s'intéresser **à** qc / qn *sich für etw. / jdn. interessieren*	Elle s'intéresse à la littérature.

Präpositionen

jouer **à** qc
etw. (Spiel, Sportart) spielen
Ils jouent aux cartes / au football.

jouer **de** qc
etw. (Instrument) spielen
Elle joue de la clarinette.

manquer **à** qn
jdm. fehlen
Ils me manquent beaucoup.

manquer **de** qc
an etw. mangeln / fehlen
Ils manquent d'argent.

se méfier **de** qn / qc
etw. / jdm. misstrauen
Je me méfie de lui.

menacer qn **de** (faire) qc
jdn. mit etw. (be)drohen
Elle l'a menacé de prévenir ses parents.

mentir **à** qn
jdn. belügen
Il m'a menti.

se mettre **à** faire qc
anfangen, etw. zu tun
Il s'est soudain mis à rire.

se moquer **de** qc / qn
sich über etw. / jdn. lustig machen
Il se moque toujours de moi.

obéir **à** qn
jdm. gehorchen
Le chien lui obéit vraiment bien.

obliger qn **à** (faire) qc
jdn. zu etw. zwingen
Je l'ai obligé à aller à l'école.

s'occuper **de** qc / qn
sich um etw. / jdn. kümmern
Tu t'occupes d'elle ?

oublier **de** faire qc
vergessen, etw. zu tun
J'ai oublié d'arroser les plantes.

parler **de** qc **à** qn
mit jdm. über etw. sprechen
Tu as parlé de ton mariage à ta mère ?

participer **à** qc
an etw. teilnehmen
Ils ont participé au concours.

passer **par** qc
über ... gehen / reisen
Ils sont passés par Paris.

se passer **de** qc / qn
auf etw. / jdn. verzichten
Je ne peux pas me passer d'elle.

penser **à** qc / qn
an etw. / jdn. denken
Je pense à toi souvent.

permettre **de** faire qc **à** qn *jdn. erlauben, etw. zu tun*	Elle lui a permis de sortir.
persuader qn **de** qc *jdn. von etw. überzeugen*	Peux-tu le persuader de venir ?
se plaindre **de** qc *sich über etw. beklagen*	Elle se plaint toujours de son travail.
se préoccuper **de** qc / qn *sich über etw. Gedanken machen*	Ne te préoccupe pas de cela.
prévenir qn **de** qc *jdn. vor etw. warnen,* *jdn. über etw. informieren*	Préviens-la de notre arrivée.
profiter **à** qn *jdm. von Nutzen sein*	Son mariage lui a bien profité.
profiter **de** qc *von etw. profitieren, etw. genießen*	Profite bien de tes vacances.
protéger qn / qc **de** / **contre** qc *jdn. / etw. vor / gegen etw. schützen*	Il faut protéger la nature contre la pollution.
rappeler qc **à** qn *jdn. an etw. erinnern*	Tu le rappelleras à ta femme.
(se) rapprocher **de** qn / qc *sich jdm. / etw. nähern*	Rapprochez-vous de moi.
réagir **à** qc *auf etw. reagieren*	Comment a-t-elle réagi à vos paroles ?
réclamer qc **à** qn *etw. von jdm. fordern*	Elle a réclamé une augmentation à son chef.
réfléchir **à** / **sur** qc *über etw. nachdenken*	Réfléchis à ce que je t'ai dit.
refuser **de** faire qc *ablehnen, etw. zu tun*	Elle refuse de partir seule.
se refuser **à** faire qc *sich weigern, etw. zu tun*	Elle se refuse à partir.
se réjouir **de** (faire) qc *sich über etw. freuen*	Il se réjouit de votre arrivée.
remercier qn **de** qc *jdn. für etw. danken*	Je vous remercie de votre cadeau.
renoncer **à** qc *auf etw. verzichten*	Elle renonce à ses vacances.

répondre ***à*** qc / qn
auf etw. / jdm. antworten

Qu'est-ce que tu réponds à cela ?

résister ***à*** qc / qn
sich gegen etw. / jdn. wehren

Elle résista aux coups.

réussir ***à*** faire qc
etw. erfolgreich tun

Il a réussi à avoir son examen.

rire **de** qc / qn
über etw. / jdn. lachen

Il rit de moi.

risquer **de** faire qc
riskieren, etw. zu tun

Il risque d'avoir une contravention.

se risquer ***à*** faire qc
sich wagen / trauen, etw. zu tun

Il s'est risqué à escalader la montagne.

se satisfaire **de** qc
sich mit etw. zufrieden geben

Il s'est satisfait d'une petite collation.

servir ***à*** qc
zu etw. dienen / nützlich sein

Cela ne sert à rien.

se servir **de** qn / qc **pour** (faire) qc
jdn. / etw. zu etw. benutzen

Il s'est servi d'elle pour arriver à ses fins.

songer ***à*** qc / qn
an etw. / jdn. denken

À quoi songes-tu ?

sortir **de** qc
aus etw. herauskommen / herausholen

Sors de là !

souffrir **de** qc
an / unter etw. leiden

Elle souffre beaucoup de son départ.

sourire ***à*** qn
jdn. anlächeln

Elle a souri au photographe.

sourire **de** qc / qn
über etw. / jdn. lächeln

Il sourit de sa blague.

se souvenir **de** qc / qn
sich an etw. / jdn. erinnern

Je me souviens de lui.

suivre qn / qc
jdm. / etw. folgen

Il le suivit jusqu'à l'arrêt de bus.

survivre ***à*** qn / qc
jdn. / etw. überleben

Il a survécu à l'attentat.

tâcher **de** faire qc
versuchen, etw. zu tun

Tâche de réussir ton examen !

téléphoner **à** qn *jdn. anrufen*	Il faut téléphoner à Marie.
tenir **à** faire qc *darauf Wert legen, etw. zu tun*	Il tenait à être présent.
tenter **de** faire qc *versuchen, etw. zu tun*	Elle a tenté de prendre la fuite.
traiter **de** qc *von etw. handeln*	Ce livre traite du racisme.
trembler **de** *zittern vor*	Nous tremblions de peur.
user **de** qc *etw. nutzen*	Ils ont usé de tous leurs moyens.
veiller **à** qc *auf etw. achten*	Veille à ce que cela ne se reproduise pas.
en vouloir **à** qn *jdm. böse sein*	J'en veux à Céline de m'avoir menti.
s'en vouloir **de** qc *sich etw. vorwerfen*	Il s'en voulait de l'avoir laissé faire.

Übungen

Abschlusstests

Lösungen

Alphabetische Verbliste F-D/D-F

1. Lernjahr – 1 Die Verben im Präsens

Übungen zu den Verben *être* und *avoir*

1. Hier befinden sich waagerecht und senkrecht die konjugierten Formen von *être* und *avoir*. Finde sie und rahme sie ein.

V	Z	I	E	T	E	S	Z
G	E	S	T	P	S	U	I
A	V	O	N	S	U	A	O
Q	B	N	H	N	I	V	M
O	N	T	T	X	S	E	W
S	O	M	M	E	S	Z	C
K	M	J	V	S	I	X	B
C	A	I	D	F	Q	A	S

2. Konjugiere die in Klammern stehenden Verben.

a. Tu ____________ ***(avoir)*** un ami à Paris.

b. Il ____________ ***(avoir)*** un ordinateur très rapide !

c. Tu ____________ ***(être)*** en retard !

d. Il ____________ ***(être)*** content de partir en vacances.

e. Ils ____________ ***(avoir)*** une maison en Italie.

f. Ils ____________ ***(être)*** de Dresde.

Übungen zu den Verben auf *-er* im Präsens

1. Ordne die folgenden Verbformen den Pronomen zu.

joue, mangent, dansons, aimes, travaillez, prions, saute, dîne, allumez, affichent, ajoutes, acceptons, abandonnent, chantez, cites, gardez, chauffe, achetez, lancent, amusent.

Je	Tu	Il, Elle
Nous	**Vous**	**Ils, Elles**

2. Sind die Verben im Singular oder (P) konjugiert ?

a. Aimes ____

b. Chante ____

c. Dansent ____

d. Chauffes ____

e. Regardons ____

f. Risquent ____

3. Konjugiere die in Klammern stehenden Verben.

a. Vous ________________ ***(fermer)*** la porte ?

b. Ils ________________ ***(habiter)*** dans ma rue.

c. ________________ ***(demander)*** son nom.

d. On ________________ ***(danser)*** ?

e. Nous ________________ ***(entrer)*** dans la classe.

f. Tu ________________ ***(chanter)*** bien !

4. Konjugiere die Verben nach den Pronomen.

Jouer	Je ______________	On ______________	Vous ______________
Danser	Tu ______________	Nous ______________	Elles ______________
Sauter	Nous ______________	Vous ______________	Ils ______________
Aimer	Je ______________	Elle ______________	Elles ______________

Übungen zu den Verben auf *-er* mit stamm- und endungsbetonten Formen

1. Umkreise die passende Verbform.

a. Tu ***(achètes / achétes / achetes)*** quoi pour le dîner ?

b. Le vélo ***(pese / pèse / pése)*** très lourd.

c. Nous ***(enlevons / enlèvons / enlévons)*** les draps du lit.

d. Nous ***(achetons / achétons / achètons)***des croissants chaque matin.

e. Mes parents se ***(levent / lèvent / lévent)*** tôt.

f. Les amis ***(amenent / amènent / aménent)*** leurs jeux.

2. Konjugiere die in Klammern stehenden Verben.

a. Chaque dimanche, j'__________________ ***(appeler)*** ma mère.

b. Attention ! Tu __________________ ***(jeter)*** de l'huile sur le feu.

c. Il __________________ ***(épeler)*** son nom.

d. Elle __________________ ***(rappeler)*** l'école.

e. Le joueur __________________ ***(jeter)*** la balle.

f. Tu __________________ ***(racheter)*** la même veste ?

3. Konjugiere die Verben nach den Pronomen.

Préférer	Je ______	On ______	Vous ______
Compléter	Tu ______	Nous ______	Elles ______
Répéter	Nous ______	Vous ______	Ils ______
Exagérer	Je ______	Elle ______	Elles ______

4. Wähle das richtige Verb aus.

pèse, appelle, préfère, achète, exagèrent, rejettes

a. Je ______________ le riz aux pommes de terre.

b. Ma sœur ______________ toujours le même magazine.

c. Tu ______________ sa proposition.

d. Timéo ______________ sa maman.

e. Le bébé ______________ trois kilogrammes.

f. Mille euros ? Ils ______________ !

Übungen zu den Verben *pouvoir, vouloir, savoir, devoir*

1. Konjugiere die Verben nach den Pronomen.

Pouvoir	Je ______	On ______	Vous ______
Vouloir	Tu ______	Nous ______	Elles ______
Savoir	Il ______	Vous ______	Ils ______
Devoir	Je ______	Tu ______	Vous ______

Übungen zu den Verben auf *-dre*

1. Ergänze die passenden Pronomen.

a. ____________ entends les oiseaux chanter ?

b. Aujourd'hui, ____________ vendons la voiture.

c. ____________ attendez encore le bus ?

d. Le dimanche, ____________ répondent toujours au téléphone.

e. ____________ attendons l'été avec impatience.

f. ____________ vend quelques disques.

Übungen zum Verb *mettre*

1. Ordne die Pronomen den passenden Satzenden zu.

A Je
B Vous
C Nous
D Elle
E Tu
F Ils

a. mettons le gâteau au four.
b. mets le disque dans le lecteur.
c. mettent du temps pour arriver.
d. mettez le fromage au frigo ?
e. met ses lunettes.
f. mets ta veste.

2. Löse das Kreuzworträtsel mit dem Verb *mettre*.

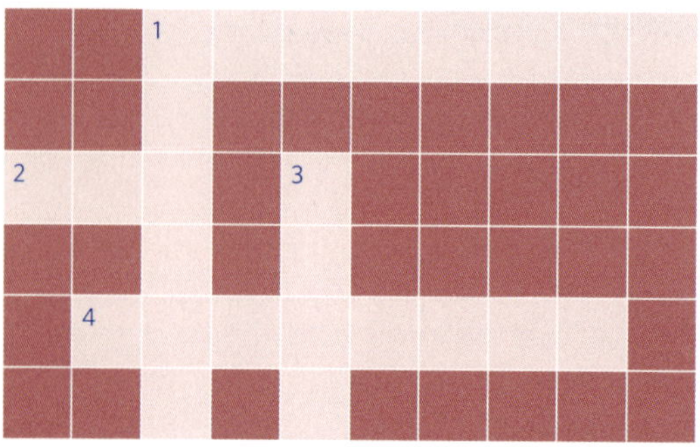

Waagerecht:
1. Nous
2. Il / elle /on
4. Ils / elles

Senkrecht:
1. Vous
3. Je / Tu

Übungen zu den Verben *offrir* und *ouvrir*

1. Konjugiere die Verben nach den Pronomen.

	Offrir	Ouvrir
J'	____________	ouvre
Tu	offres	____________
Il / Elle / On	offre	____________
Nous	____________	ouvrons
Vous	offrez	____________
Ils / Elles	____________	ouvrent

Übungen zu den Verben *lire, dire, écrire*

1. Konjugiere die in Klammern stehenden Verben.

a. Il ____________ ***(lire)*** beaucoup de livres.

b. Vous ____________ ***(écrire)*** la réponse.

c. Matthieu ____________ ***(dire)*** toujours ce qu'il pense.

d. Quand vous ____________ ***(lire)*** un livre, vous voyagez.

e. Nous ____________ ***(dire)*** la vérité.

f. Tu ____________ ***(écrire)*** une lettre à ta grand-mère.

Übungen zu den Verben *boire* und *prendre*

1. Wie lautet die richtige Konjugation von *boire* und *prendre*? Bringe die Buchstaben wieder in die richtige Reihenfolge.

a. Je ***(siob)***________

b. Tu ***(isbo)***________

c. Il ***(tiob)*** ________

d. Nous ***(svonub)*** ________

e. Vous ***(ezvbu)*** ________

f. Ils ***(tneibov)*** ________

g. Je ***(drenps)***________

h. Tu ***(spnder)***________

i. Il ***(dnerp)*** ________

j. Nous ***(posnrne)*** ________

k. Vous ***(perzen)*** ________

l. Ils ***(tenpnern)*** ________

Übungen zum Verb *faire*

1. Hier befinden sich waagerecht und senkrecht die konjugierten Formen von *faire*. Finde sie und rahme sie ein.

S	A	Q	T	R	F
E	F	A	I	T	A
F	A	I	S	A	I
A	I	F	A	M	S
F	T	A	G	V	O
C	E	I	E	Z	N
G	S	T	I	D	S
S	F	O	N	T	L

Übungen zu den Verben *sortir, dormir, sentir…*

1. Ordne die folgenden Verbformen den Pronomen zu.

a. Je ________________ ***(sentir)*** l'odeur des fleurs de mon jardin.

b. Laurent et Felix ________________ ***(sortir)*** en ville.

c. Chaque dimanche, il ________________ ***(dormir)*** tard.

d. Nous ________________ ***(courir)*** cinq kilomètres.

e. Il ________________ ***(cueillir)*** des fleurs pour sa mère.

f. Vous ________________ ***(retenir)*** bien vos leçons.

Übungen zu den Verben *aller* und *venir*

1. Konjugiere die in Klammern stehenden Verben.

a. Tu __________ ***(aller)*** à l'école en bus ?

b. Il __________ ***(aller)*** à Paris lundi prochain.

c. Nous __________ ***(venir)*** manger chez vous.

d. Vous __________ ***(aller)*** au cinéma ce soir ?

e. Je __________ ***(venir)*** avec vous.

f. Ils __________ ***(venir)*** à deux heures pour le café.

2. Wähle zwischen *aller* und *venir* aus und konjugiere das Verb.

a. Tu ____________ avec moi ? Je ____________ à la boulangerie.

b. Il ____________ au centre, mais je ____________ chez ma sœur.

c. Si vous ____________ au match, je ____________ aussi.

d. Il ____________ à pied. Et toi ? Tu ____________ comment ?

e. Mes parents ____________ en vacances.

f. Il est malade, il ____________ chez le docteur.

2 Der Imperativ

1. Konjugiere die Verben in der 2. Person Singular der Imperativform.

a. ____________ ***(fermer)*** la porte !

b. ____________ ***(ranger)*** ta chambre !

c. ____________ ***(finir)*** ton assiette !

d. ____________ ***(faire)*** la vaisselle !

e. ____________***(baisser)*** le son !

f. ____________ ***(venir)*** ici !

2. Ordne die folgenden Verbformen den Personen zu.

Ferme, attrapons, finis, fais, buvez, dis, sortez, allons, amène

2. Person Singular	1. Person Plural	2. Person Plural

3. Verändere die Sätze und konjugiere die Verben in der 2. Person Plural Imperativ.

a. Lis le texte !

____

b. Plie les vêtements !

____

c. Bois plus d'eau !

____

d. Sors prendre l'air !

____

e. Ouvre la porte !

____

f. Va le voir !

____

4. Verneine den Imperativ in der 2. Person Plural.

a. ______________ ***(toucher)*** à mes affaires !

b. ______________ ***(lire)*** mes lettres !

c. ______________ ***(allumer)*** la télévision !

d. ______________ ***(aller)*** sur internet !

e. ______________ ***(manger)*** autant !

f. ______________ ***(boire)*** tout !

3 Das *Futur composé* (Nahe Zukunft)

1. Konjugiere die in Klammern stehenden Verben.

a. Ce soir, tu ________________ ***(sortir)*** avec tes amis.

a. Dans une heure, je ________________ ***(prendre)*** le bus.

b. Demain, nous ________________ ***(aller)*** à Paris.

c. Tout à l'heure, vous ________________ ***(ranger)*** votre chambre.

e. Dans cinq minutes, il ________________ ***(rentrer)*** du travail.

f. Cet après-midi, elles ________________ ***(faire)*** des achats.

2. Verknüpfe die Personalpronomen mit den Verben.

Demain...

A Je
B Tu
C Il / Elle
D Nous
E Vous
F Ils / Elles

a. vont rentrer tard.
b. allons faire du ski.
c. va manger au restaurant
d. vas acheter des chaussures.
e. allez faire vos devoirs.
f. vais jouer au football.

3. Erzähle eine Geschichte und verwende dabei die folgenden Wörter.

Dormir jusqu'à dix heures, courir dans les champs, déjeuner avec ma famille, faire des courses, manger au restaurant, regarder un bon film.

Samedi prochain, je ____

____

____

____

____

____

____

____

2. Lernjahr – 1 Die Verben im Präsens

Übungen zu *partir, servir, mentir...*

1. Ordne die folgenden Verbformen den Pronomen zu.

a. Je ________________ ***(soutenir)*** l'équipe de football de ma ville.

b. Mes amis ________________ ***(revenir)*** de France.

c. Le chanteur ________________ ***(devenir)*** célèbre.

d. Nous________________ ***(partir)*** pour Paris.

e. Il________________ ***(mentir)*** parfois.

f. Vous ________________ ***(servir)*** le repas ?

Übungen zu den Verben auf *-ir* mit Stammerweiterung

1. Ergänze die Endungen der Verben.

a. Tu fin_______ ton jeu.

b. Les fleurs fleur_______ dans le jardin.

c. Le garçon franch_______ la barrière.

d. Je grav_______ la montagne.

e. Nous un_______ nos forces.

f. Vous sal_______ vos pantalons !

2. Löse das Kreuzworträtsel in den Präsensformen.

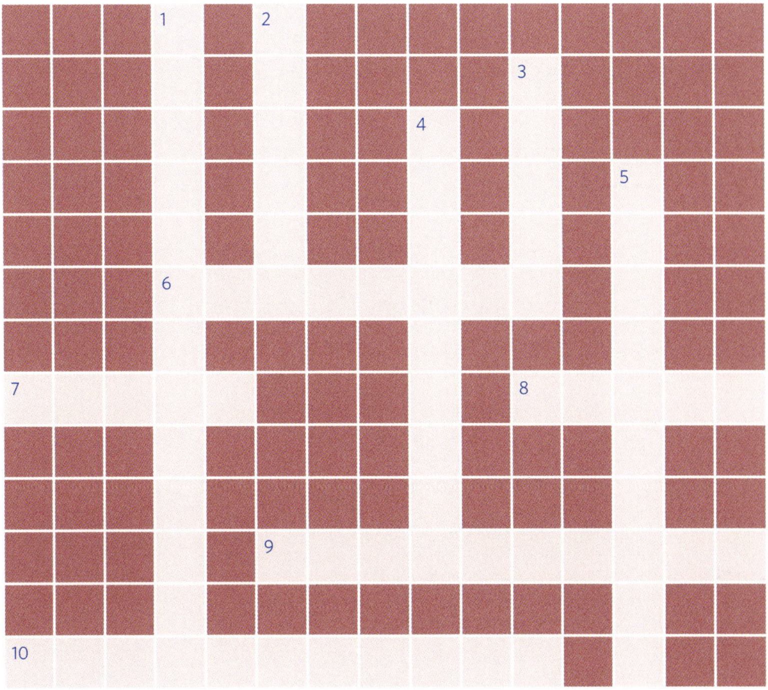

Waagerecht:

6. Tu (rétablir)
7. Il (rugir)
8. je (salir)
9. Vous (réussir)
10. Ils (réussir)

Senkrecht:

1. Nous (éclaircir)
2. il (vernir)
3. Tu (finir)
4. je (réfléchir)
5. Vous (remplir)

Übungen zu *croire, lire, boire, voir, écrire, courir*

1. Konjugiere die Verben nach den Pronomen.

Croire	Je ___________	On ___________	Vous ___________
Lire	Tu ___________	Nous ___________	Elles ___________
Boire	Il ___________	Vous ___________	Ils ___________
Voir	Je ___________	Tu ___________	Vous ___________
Écrire	Il ___________	Nous ___________	Elles ___________
Courir	Je ___________	Tu ___________	Nous ___________

Übungen zur reflexiven Form

1. Welche Reflexivpronomen passen?

me, te, se, nous, vous, se

a. Tom _________ lève tôt chaque matin.

b. Tu _________ laves les dents et tu vas au lit.

c. Je _________ dépêche pour ne pas rater le bus.

d. Vous _________ retrouvez au centre ville ce soir.

e. Ils _________ connaissent comment ?

f. Luc et moi _________ faisons à manger.

2. Konjugiere die in Klammern stehenden Verben.

a. Le matin, je ________________ ***(se faire)*** toujours un café.

b. Vous ________________ ***(se fatiguer)*** à courir comme ça !

c. Ils ________________ ***(s'appeler)*** Sylvain et Matthieu.

d. Nous ________________ ***(se souvenir)*** de ces vacances.

e. Elle ________________ ***(s'acheter)*** une robe pour le mariage.

f. Tu ________________ ***(s'habiller)*** de façon chic pour le réveillon.

2 Das Perfekt

Übungen zum Perfekt mit *être*

1. Verknüpfe die Personalpronomen mit den Verben.

A Je
B Tu
C Elle
D Nous
E Vous
F Ils

a. suis allé(e) à la mer.
b. sommes rentré(e)s à pied.
c. sont passés cinq minutes.
d. es parti(e) rapidement.
e. est née en 1984.
f. êtes retourné(e)(s) au club.

2. Konjugiere die in Klammern stehenden Verben.

a. Le week-end dernier, je [Luc] ________________ ***(aller)*** à la plage.

b. Hier, tu [Sophie] ________________ ***(partir)*** à l'école.

c. Il ________________ ***(rester)*** dormir chez son ami.

d. Nous [Sophie et Luc] ________________ ***(arriver)*** tard.

e. Vous [Sophie et Lisa]________________ ***(venir)*** chez nous.

f. Elles ________________ ***(descendre)*** de la montagne.

Übungen zum Perfekt mit *avoir*

1. Löse das Kreuzworträtsel.

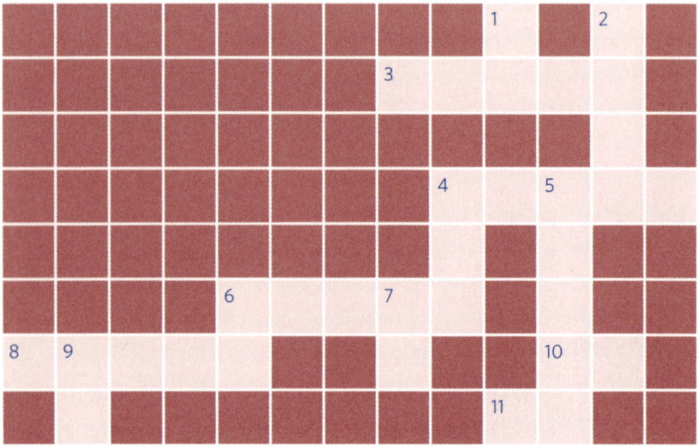

Waagerecht:

3. Partizip von sourire
4. Partizip von écrire
6. Partizip von parler
8. Partizip von vendre
10. Partizip von devoir
11. Partizip von boire

Senkrecht:

1. Partizip von savoir
2. Partizip von finir
4. Partizip von être
5. Partizip von rendre
6. Partizip von pouvoir
7. Partizip von lire
9. Partizip von avoir

Übungen zum Perfekt mit *être* und *avoir*

1. Kreuze die korrekte Form des Partizips an.

a.	découvrir	☐ découvre	☐ découvert
b.	devenir	☐ devenu	☐ devenez
c.	lancer	☐ lancé	☐ lance
d.	faire	☐ fait	☐ faites
e.	choisir	☐ choisis	☐ choisi
f.	dire	☐ dis	☐ dit

2. Ordne die folgenden Partizipien der Tabelle zu.

mangé, été, eu, arrivé, parti, resté, fini, dormi, marché.

Avoir	Être

3. Wähle das korrekte Hilfsverb und füge es in die Sätze ein.

a. Pierre __________________ sorti de la voiture et il __________________ sorti les valises.

b. __________________ rentré son vélo et il __________________ rentré chez lui.

c. Arnaud __________________ monté à l'étage et il __________________ monté ses nouveaux meubles.

Übungen zur Anpassung der Partizipendung

1. Passe das Partizip, wenn notwendig, dem Geschlecht der Nomen an.

a. Mes frères sont allé___ à Marseille la semaine dernière.

b. Anne a eu___ une petite fille.

c. Timéo a joué___ avec Felix et Mathis.

d. Lisa est né___ la même année que moi.

e. Jules et Jeanne sont parti___ à Sydney.

f. Stephanie et Maria sont parti___ en ville.

2. Konjugiere die in Klammern stehenden Verben im Perfekt.

a. Stephanie et Jerôme ________________ ***(partir)*** en vacances.

b. Elle ________________ ***(poser)*** une question à son professeur.

c. Thomas ________________ ***(ne pas aimer)*** le film.

d. Julie ________________ ***(arriver)*** avec sa petite sœur.

e. Mes parents ________________ ***(vendu)*** leur appartement.

f. Pierre et Stéphane ________________ ***(venir)*** chez moi.

3. Passe folgenden Beispielsatz im Perfekt den Personen an.

Tom est allé au cinéma.

a. Sylvie ____.

b. Luc et Serge ____.

c. Je (Thomas) ____________________________.

d. Paul et Marie ____.

e. Mes amies ____.

f. Tu (Lisa) ____.

4. Erzähle eine Geschichte und verwende dabei die folgenden Wörter.

Prendre le train, aller à Paris, voir un film au cinéma, rencontrer un ami, rentrer chez elle, faire un peu de ménage.

Samedi dernier, Sophie ____________________________________

____

____

____

____

____

____

Übungen zur Reflexivform im Perfekt

1. Konjugiere die in Klammern stehenden Verben.

a. Hier, il ____________ ***(se réveiller)*** en retard.

b. Le week-end dernier, je ____________ ***(se casser)*** la jambe.

c. Lundi dernier, nous____________ .***(se voir)***

d. Ce matin, tu ____________ ***(se laver)*** rapidement.

e. Vous ____________ ***(se rencontrer)*** l'année dernière.

f. Elles ____________ ***(se téléphoner)*** pendant une heure.

3 Das Imperfekt

1. Finde die zu den Pronomen passende Endung.

A Je	**a.** -ions
B Tu	**b.** -aient
C Il/elle	**c.** -ais
D Nous	**d.** -iez
E Vous	**e.** -ais
F Ils/elles	**f.** -ait

2. Konjugiere die Verben in Klammern nach der Imperfektform.

a. Avant, j'_______________ ***(habiter)*** à Paris, maintenant j'habite à Lyon.

b. Avant, tu _______________ ***(jouer)*** au football, maintenant tu joues au tennis.

c. Avant, Il _____________ ***(avoir)*** un vélo, maintenant, il a aussi un skateboard.

d. Avant, nous ______________ ***(lire)*** des bandes dessinées, maintenant, nous lisons aussi des romans.

e. Avant, vous ___________::_ ***(regarder)*** des dessins animés, maintenant vous regardez aussi des films.

f. Avant, elles ______________ ***(faire)*** de la gymnastique, maintenant elles font de la danse.

3. Löse das Kreuzworträtsel.

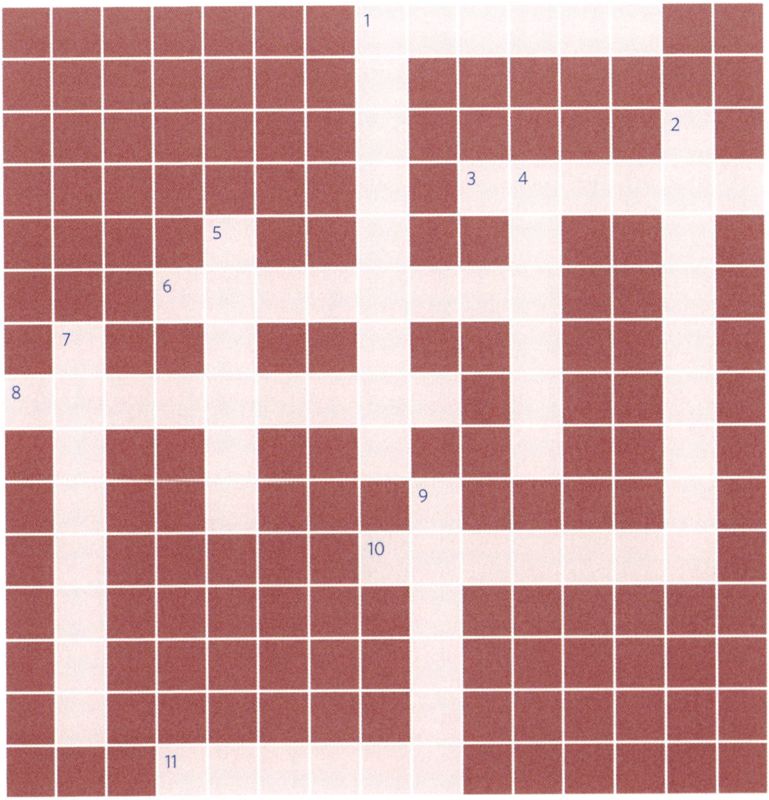

Waagerecht:

1. Vous (devoir)
3. Je (aller)
6. Nous (faire)
8. Ils (sortir)
10. Il (vendre)
11. Je (boire)

Senkrecht:

1. Ils/Elles (dormir)
2. Je (finir)
4. Vous (lire)
5. Il/Elle (savoir)
7. Nous (pouvoir)
9. Je (venir)

4. Konjugiere die Verben in Klammern in der Imperfektform.

Avant...

a. J'____________ ***(aimer)*** faire du vélo avec mes copains.

b. Tu ____________ ***(écouter)*** toujours de la musique.

c. Il ____________ ***(habiter)*** à Lyon, en France.

d. Nous ____________ ***(regarder)*** un film chaque dimanche soir.

e. Vous ____________ ***(manger)*** au restaurant une fois par semaine.

f. Elles ____________ ***(adorer)*** danser en discothèque.

5. Bestimme ob die Sätze im Perfekt [P] oder Imperfekt [I] konjugiert sind.

a. Je suis arrivée à dix heures. ____

b. Il arrivait toujours en retard. ____

c. Vous avez téléphoné à votre grand-mère ? ____

d. Nous étions absents. ____

e. Ils sont restés trois jours. ____

f. Tu as donné le livre à ton frère ? ____

4 Etre en train de / venir de

1. Forme die folgenden Sätze nach dem Beispiel um und benutze dabei entweder *être en train de* oder *venir de*.

Beispiel:
Je fais la vaisselle.
Je suis en train de faire la vaisselle.

a. Je me lave les dents.

Je ____.

b. Tu prépares tes affaires.

Tu ____.

c. J'ai lavé mes vêtements.

Je ____.

d. Il apprend ses leçons.

Il ____.

e. Ils ont mis les valises dans le coffre.

Ils ____.

f. Nous faisons des achats.

Nous ____.

g. Vous lisez un livre.

Vous ____.

h. Ils sont partis.

Ils ____.

i. Nous sommes rentrés à la maison.

Nous ____.

3. Lernjahr – 1 Perfekt und Imperfekt

1. Konjugiere die in Klammern stehenden Verben in der Perfektform.

a. Chaque année, ils _______________ ***(aller)*** en France.

b. Ce week-end, tu _______________ ***(jouer)*** avec tes petites voitures.

c. Hier, nous _______________ ***(dormir)*** plus tard que d'habitude.

d. Le week-end dernier, Tom et Sonia _______________ ***(finir)*** de construire la cabane dans le jardin.

e. A Noël, ma petite sœur _______________ ***(avoir)*** une poupée.

f. L'autre jour, vous _______________ ***(faire)*** énormément de blagues.

2. Benutze die Perfekt- oder Imperfektform.

Ce _______________ ***(être)*** un samedi, il _______________ ***(être)*** environ dix heures et il _______________ ***(faire)*** déjà chaud. Comme chaque samedi matin, je _______________ ***(se promener)*** en forêt et je _______________ ***(respirer)*** l'air frais. Les oiseaux _______________ ***(chanter)*** une agréable mélodie. Tout à coup, j'_______________ ***(avoir)*** envie de courir. Je _______________ ***(rentrer)*** chez moi. Je _______________ ***(mettre)*** mes vêtements pour courir et je _______________ ***(sortir)*** de chez moi en petite foulée.

3. Wandle folgenden Text in die Vergangenheitsform um.

Ce matin, Timéo se lève à sept heures. Il prend une douche puis déjeune. Il part de chez lui à huit heures et arrive à l'école quinze minutes plus tard. Comme d'habitude, ses copains sont là. Ils sont contents de se retrouver. Il fait très froid, mais comme souvent, Timéo porte seulement une veste légère. A huit heures trente les portes de l'écoles s'ouvrent. Il est content de pouvoir être au chaud dans le bâtiment.

Hier ____

____

____

2 Das Plusquamperfekt

1. Konjugiere die in Klammern stehenden Verben im Plusquamperfekt.

a. Quand je suis rentré, mon père ______________ ***(faire)*** à manger.

b. Ce jour-là, tu as mangé le fruit que tu ______________ ***(cueillir)***.

c. Il aimait le manteau qu'il ______________ ***(acheter)*** la veille.

d. Vous vous souveniez du village que nous ______________ ***(visiter)***.

e. Il portait le pantalon que je lui ______________ ***(offrir)***.

f. Quand elle est arrivée, Elsa ______________ ***(finir)*** sa glace.

2. Passe die Verbformen den Sätzen an.

a. Quand il est arrivé, Tom avait déja mangé sa glace.

Quand je suis arrivé, je ______________ ma glace.

b. Quand je suis rentré, ma mère avait fait à manger.

Quand tu es rentré nous ______________ à manger.

c. Quand j'ai déménagé à Paris, j'avais déjà trouvé un travail.

Quand vous avez déménagé à Paris, vous ________________ déjà ________________ un travail.

d. Quand nous sommes arrivés à la gare, le train était déjà parti.

Quand elle est arrivée à la gare, la navette ________________

e. Quand j'ai dit „allo", la personne avait déjà raccroché.

Quand elle ________________ „allo", vous ________________.

f. Quand ils se sont mariés, ils avaient déjà acheté une maison.

Quand nous ________________, nous ________________ une maison.

3. Bestimme, ob die Sätze im Perfekt [P] oder Plusquamperfekt [PQP] konjugiert sind.

a. Je suis parti à pied. ____

b. Il avait déjà appelé son frère. ____

c. Il a déjà monté le meuble ? ____

d. Vous aviez vendu la voiture. ____

e. Tu étais rentré avant moi. ____

f. Nous sommes descendus à la cave ? ____

4. Verknüpfe die Personalpronomen mit den Verben.

A Je (Luc)
B Tu (Lisa)
C Elle
D Nous
E Vous
F Ils

a. étais allé au marché.
b. avions jeté les poubelles.
c. avaient fait leurs devoirs.
d. étais sorti(e) avant moi.
e. était restée trois jours.
f. aviez payé les croissants.

5. Lies die Texte. Konjugiere dann die in Klammern stehenden Verben. Benutze Perfekt, Imperfekt und Plusquamperfekt.

Ce ______________ ***(être)*** l'été, et Jeanne ______________ ***(travailler)*** depuis longtemps. Elle ______________ déjà ______________ ***(réviser)*** de nombreuses leçons et il y a dix minutes elle ______________***(commencer)*** à ressentir la fatigue. Dehors, il ______________ ***(faire)*** déjà nuit et les étoiles ______________***(briller)*** dans le ciel couleur encre. Elle ______________ ***(ouvrir)*** le vélux pour avoir plus d'air dans la pièce. Mais elle ______________ ***(ne pas sentir)*** que celui-ci ______________ ***(être)*** de plus en plus lourd.

Tout à coup, la sonnerie du téléphone ______________ ***(rompre)*** le silence qui ______________ ***(régner)*** dans la pièce. Jeanne ______________ ***(décrocher)***. Ce ______________ ***(être)*** sa meilleure amie. Elle ______________ ***(vouloir)*** aller en discothèque. Jeanne lui ______________ ***(répondre)*** qu'elle ______________ ***(être)*** fatiguée et qu'elle ______________ ***(préférer)*** rester chez ell**e.** Les deux amies ______________ ***(parler)*** quelques minutes au téléphone. Elles ______________ ***(se donner)*** rendez-vous pour le lendemain. Ensuite, Jeanne ______________ ***(aller)*** se coucher.

3 Das Futur I

1. Finde die zu den Pronomen passende Endung.

A	Je	**a.**	-ons
B	Tu	**b.**	-ont
C	Il/elle	**c.**	-ai
D	Nous	**d.**	-ez
E	Vous	**e.**	-as
F	Ils/elles	**f.**	-a

'

2. Hier befinden sich waagerecht und senkrecht die konjugierten Formen von *être*. Finde sie und rahme sie ein.

S	E	S	E	R	A	I	S
S	R	O	N	S	E	R	E
E	E	R	S	E	T	I	R
R	Z	S	E	R	A	S	A
O	A	E	R	E	S	E	S
N	S	E	R	Z	E	F	S
T	S	E	R	O	N	S	N

3. Wähle das richtige Verb aus.

auras, aurons, auront, aura, aurai, aurez

a. Je ______________

b. Tu ______________

c. Il/elle/on ______________

d. Nous ______________

e. Vous ______________

f. Ils/elles ______________

4. Konjugiere die in Klammern stehenden Verben.

a. Je ______________________ ***(voyager)*** dans différents pays.

b. Tu ______________________ ***(travailler)*** dans un domaine qui te plaît.

c. Elle ______________________ ***(aller)*** chercher ses enfants à l'école.

d. Nous ______________________ ***(finir)*** les travaux de la maison.

e. Vous ______________________ ***(écrire)*** un livre.

f. Ils ______________________ ***(partir)*** en vacances avec leurs enfants.

5. Kreuze die korrekte Form des Verbs an.

a. je (faire)
- ☐ ferai ☐ ferais ☐ fera

b. tu (devenir)
- ☐ deviendrai ☐ deviendra ☐ deviendras

c. il (aimer)
- ☐ aimera ☐ aimerat ☐ aimeras

d. nous (croire)
- ☐ croiron ☐ croirion ☐ croirons

e. vous (choisir)
- ☐ choisirez ☐ choisiré ☐ choisiriez

f. ils (dire)
- ☐ dirons ☐ diron ☐ diront

4 Das *Conditionnel*

1. Gib die passende Endung für jedes Pronomen an.

a. Je -____

b. Tu -____

c. Il / elle / on -____

d. Nous -____

e. Vous -____

f. Ils / elles -____

2. Konjugiere die in Klammern stehenden Verben.

S'il vous / te plaît...

a. Je ________________ ***(vouloir)*** un coca.

b. Est-ce que tu ________________ ***(avoir)*** l'heure ?

c. Il ________________ ***(pouvoir)*** te donner son adresse mail ?

d. Vous ________________ ***(avoir)*** cinq minutes ?

e. Tu ________________ ***(vouloir)*** bien m'accompagner ?

f. Est-ce que vous ________________ ***(avoir)*** une feuille pour moi ?

3. Löse das Kreuzworträtsel.

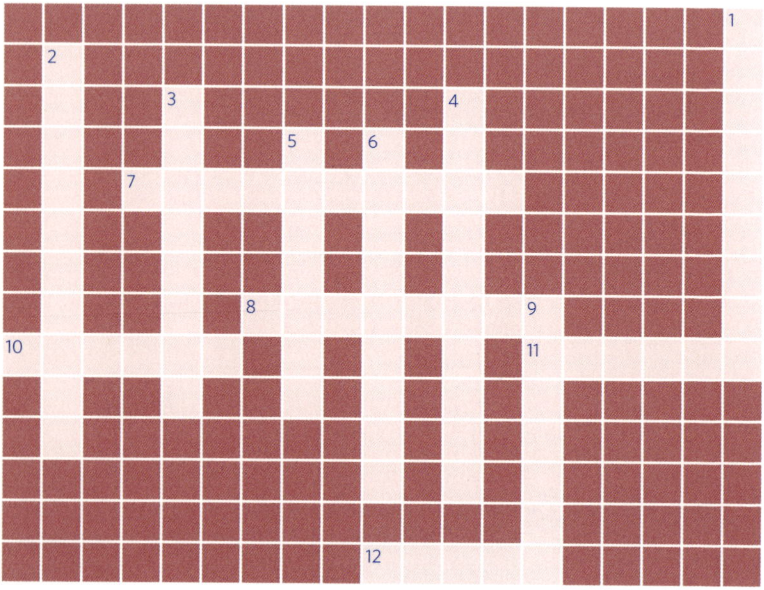

Waagerecht:

7. nous (donner)
8. je (pouvoir)
10. je (faire)
11. vous (avoir)
12. elle (aller)

Senkrecht:

1. vous (sortir)
2. elles (aimer)
3. tu (croire)
4. ils (vendre)
5. nous (être)
6. nous (finir)
9. il (savoir)

4. Wähle das richtige Verb aus.

voir, partir, pouvoir, aller, être, s'appeler.

a. Si je pouvais, je ________________ en vacances.

b. Si nous avions le temps, nous ________________ nous promener.

c. Si tu le voulais, vous ________________ aller au concert.

d. Si je pouvais voyager, ce ________________ en Italie.

e. Si elle avait un chien, il ________________ Milou.

f. Si nous allions au cinéma, nous ________________ ce nouveau film.

5. Ordne die folgenden Verben der Tabelle zu.

finirais, mangeras, aimera, finirions, entendrions, pourriez, pourront, voudrez, aurais, seras, sauriez, sauras.

Futur	Conditionnel

5 Das Perfekt: Reflexivform

1. Verknüpfe die Personalpronomen mit den Verben.

A Je	**a.** nous sommes vus.
B Tu	**b.** vous êtes couché(e)s tard.
C Il	**c.** se sont mariés en 1973.
D Nous	**d.** me suis levé(e) à dix heures.
E Vous	**e.** s'est acheté une chemise.
F Ils	**f.** t'es lavé(e).

2. Wähle das richtige Verb aus.

se baigner, s'excuser, se lever, se téléphoner, se faire, s'acheter

a. Ce matin, je ______________________ tard.

b. En tombant, tu ______________________ mal.

c. Il ______________________ pour son retard.

d. Nous ______________________ pendant une heure.

e. Vous ______________________ dans le lac.

f. Ils ______________________ quelque chose à manger.

3. Bringe die Satzteile in die richtige Reihenfolge.

a. se / inquiétés / les parents / sont / .

____.

b. amusés / vous / êtes / vous / toute la soirée / .

____.

c. ma sœur / une nouvelle robe / acheté / est / s' / .

____.

d. je / lavé / suis / me / les cheveux / .

____.

e. nous / sommes / pour la victoire / battus / nous / .

____.

f. t' / habitué / es / tu / à courir / .

____.

4. Passe das Partizip, wenn notwendig, dem Geschlecht der Nomen an.

a. Les filles se sont retrouvé____ le soir.

b. Tom et Jerry se sont amusé____ comme des fous.

c. Je [Sylvie] me suis levé____ avant toi.

d. Vous [Mathéo et Lisa] vous êtes connu____ comment ?

e. Elle s'est regardé____ dans la glace.

f. Nous [Louise et Julie] nous sommes déguisé____ en clown.

6 *Il faut / Avoir besoin de* im Präsens

1. Forme folgende Sätze um und verwende dabei das Verb *falloir*.

a. J'ai besoin d'un ordinateur.

____.

b. Tu as besoin de dormir.

____.

c. Elle a besoin de travailler plus.

____.

d. Nous avons besoin de sucre pour le gâteau.

____.

e. Vous avez besoin d'acheter une voiture.

____.

f. Ils ont besoin de lire plus de livres.

____.

2. Vervollständige die folgenden Sätze und verwende dabei *avoir besoin de* sowie die eingerahmten Informationen.

farine, suivre un cours, endurance, chance, bien dormir, entraînement

a. Pour bien jouer au tennis, je ______________________________.

b. Pour parler le français, tu ______________________________.

c. Pour faire un gâteau, il ______________________________.

d. Pour courir longtemps, nous ______________________________.

e. Pour gagner au loto, vous ______________________________.

f. Pour être en forme, ils ______________________________.

3. Forme folgende Sätze um, in dem Du *avoir besoin de* benutzt.

a. Il leur faut un ordinateur.

____.

b. Il lui faut se dépêcher.

____.

c. Il vous faut aller faire des courses.

____.

d. Il me faut acheter ce livre.

____.

e. Il te faut te reposer.

____.

f. Il nous faut faire des exercices.

____.

4. Lernjahr – 1 Der *Subjonctif présent*

Übungen zu den regelmäßigen Verben

1. Konjugiere die Verben nach den Pronomen. Unterstreiche den Stamm der Präsensform.

Infinitif	Présent	Subjonctif présent
aimer	Ils	que je
sortir	Ils	que tu
entendre	Ils	qu'il
finir	Ils	que nous
vendre	Ils	que vous
appeler	Ils	qu'ils

2. Konjugiere die in Klammern stehenden Verben.

a. Il faut que je ______________ ***(sortir)*** les poubelles

b. Il faut que tu ______________ ***(ranger)*** tes affaires.

c. Il faut qu'elle ______________ ***(téléphoner)*** à son amie.

d. Il faut que nous ______________ ***(réfléchir)*** à nos vacances.

e. Il faut que vous ______________ ***(apprendre)*** vos leçons.

f. Il faut qu'ils ______________ ***(dormir)*** plus longtemps.

Übungen zu den unregelmäßigen Verben

1. Konjugiere die Verben nach den Pronomen.

	Être	**Avoir**
Je	___________	aie
Tu	sois	___________
Il / Elle / On	soit	___________
Nous	___________	ayons
Vous	soyez	___________
Ils / Elles	___________	aient

2. Konjugiere die in Klammern stehenden Verben.

a. Il faut que je ___________ ***(faire)*** des courses.

b. Il faut que tu ___________ ***(aller)*** à l'école.

c. Il faut qu'elle ___________ ***(savoir)*** ses leçons.

d. Il faut que nous ___________ ***(pouvoir)*** démarrer la voiture.

e. Il faut que vous ___________ ***(venir)*** chez nous.

f. Il faut qu'ils ___________ ***(vouloir)*** venir.

2 Das *Conditionnel*

1. Konjugiere die in Klammern stehenden Verben.

a. À sa place, je ___________________ ***(ne pas aller)*** voir ce film.

b. Elle ___________________ ***(devoir)*** sortir avec ses amis samedi soir.

c. Vous ___________________ ***(rencontrer)*** plein de jeunes en colonie.

d. Tu ___________________ ***(rentrer)*** plus vite avec ce vélo.

e. Si nous allions à Paris, nous ___________________ ***(se promener)*** sur les Champs-Elysées.

f. Je ___________________ ***(prendre)*** des vacances si j'étais à leur place.

2. Vervollständige die folgenden Sätze.

apprendre, faire, venir, passer, sortir, partir

a. S'il faisait beau, je ________________ faire du vélo.

b. S'il était chez lui, tu ________________ voir ton ami.

c. Si c'était possible, il ________________ pour un long voyage.

d. Si nous étions à la montagne, nous ________________ du ski.

e. Si vous aviez du temps, vous ________________ manger chez nous.

f. Si elles étaient au Mexique, elles ________________ l'espagnol.

3 Das *Conditionnel passé*

1. Wähle das richtige Pronomen aus.

A J'
B Tu
C Il / Elle
D Nous
E Vous
F Ils / Elles

a. serait allé(e) en Finlande.
b. auraient dû manger leur viande.
c. serais parti(e) plus tôt.
d. auriez choisi un autre livre.
e. aurais aimé ce film !
f. serions resté(e)s plus longtemps.

2. Vervollständige den Text. Benutze dabei, die zuvor verwendeten Sätz in der Positivform und konjugiere die Verben im *Conditionnel passé*.

Je ne suis pas monté sur le Mont Blanc, je n'ai pas fait de sport, je n'ai pas voyagé autour du monde, je n'ai pas eu d'enfants, je n'ai pas appris le français et je ne suis jamais allé au cirque.

Mais si j'avais su, ____

____

____

____

____

____

____

3. Bringe die Satzteile in die richtige Reihenfolge.

a. je / pas / n' / aurais / voulu / au concert / aller / .

____.

b. seriez / ne / vous / allés / pas / à Paris sans moi / .

____.

c. dormi / ils / plus longtemps / n' / auraient / pas / .

____.

d. pas / n' / nous / aurions / été / chanteurs /.

____.

e. il / sorti / serait / pas / ne / au cinéma / .

____.

f. aurais / le meuble / n' / tu / monté / pas / .

____.

4. Ergänze die Sätze mit den in Klammern stehenden Verben.

a. Il est parti, mais elle, elle ____________________ ***(rester)***

b. Il ne l'a pas acheté, mais elle, elle l'____________________ ***(acheter)***.

c. Il a dit oui, mais elle, elle____________________ ***(dire)*** non.

d. Il a accepté, mais elle, elle ____________________ ***(refuser)***.

e. Il n'est pas venu, mais elle, elle ____________________ ***(venir)***.

f. Il n'a pas attendu, mais elle, elle ____________________ ***(attendre)***.

4 Die Veränderlichkeit des Partizips mit *avoir*

1. Passe die Partizipform an.

a. Mes disques ? Je les ai rangé____.

b. Son histoire ? Je l'ai cru____.

c. Ses chaussures ? Je les ai essayé____.

d. Les jeux vidéos ? Je les ai acheté____ hier.

e. Sa casquette ? Je l'ai perdu____.

f. Cette blague ? Je ne l'ai pas compris____.

2. Wähle das richtige Objekt aus.

a. Elle les a mangées.	☐ les glaces	☐ les fruits
b. Je les ai aimés.	☐ les livres	☐ les cartes
c. Tu l'as vu ?	☐ la photo	☐ ton ami
d. Il ne l'a pas lu.	☐ le message	☐ l'histoire
e. Nous les avons faites.	☐ les pizzas	☐ le sandwich
f. Je l'ai entendu appeler.	☐ ton frère	☐ ta soeur

3. Passe das Partizip, wenn notwendig, an.

Jérôme voulait manger les biscuits qu'il avait acheté____ la veille, mais il ne les avait toujours pas trouvé____ pas après avoir cherché pendant dix minutes. Alors il est allé voir sa peite soeur et lui a demandé____ où était la boîte de biscuits. Elle lui dit qu'elle l'avait trouvé____, l'avait ouvert___ et avait mangé____ tous les biscuits. Déjà la dernière fois, sa sœur avait trouvé ses bonbons et les avait mangé____ sans en laisser un seul. Jérôme était en colère. Mais c'était sa petite sœur, il l'aimait et l'avait toujours aimé____.

4. Wähle die richtige Endung.

ées, us, é, us, u, é, ées.

Je me souviens des cadeaux que j'avais reç____ pour mon sixième anniversaire. Je me souviens de mes grands-parents qui nous avaient rend____ visite. Je me souviens du gâteau que ma mère avait cuisin____, des bougies que j'avais souffl____ alors que mon père n'avait pas allum____ sa caméra. Je me souviens de mes amis qui étaient ven____. Je me souviens de leurs cartes d'anniversaire. Je les ai toutes gard____.

5 Das *Passé simple*

1. Ergänze die folgende Tabelle.

	Etre	Avoir
Je	________	eus
Tu	fus	________
Il / Elle / On	fut	________
Nous	________	eûmes
Vous	fûtes	________
Ils / Elles	________	eurent

2. Konjugiere die in Klammern stehenden Verben.

a. Je ______________ ***(pouvoir)*** finir mon devoir à temps.

b. Tu ______________ ***(savoir)*** te faire accepter.

c. Il ______________ ***(vouloir)*** revoir ses amis.

d. Nous ______________ ***(devoir)*** rentrer plus tôt que prévu.

e. Vous ______________ ***(voir)*** le concert en entier.

f. Elles ______________ ***(venir)*** nous rendre visite.

3. Löse das Kreuzworträtsel.

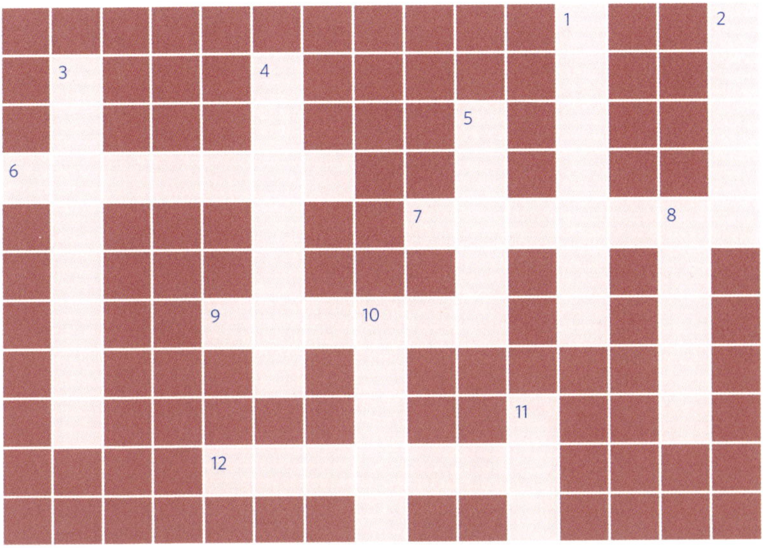

Waagerecht:

6. ils (croire)
7. tu (acheter)
9. il (vendre)
12. je (appeler)

Senkrecht:

1. elles (prendre)
2. vous (lire)
3. vous (dormir)
5. il (vivre)
8. tu (aimer)
10. nous (dire)
11. tu (faire)

4. Finde das richtige Pronomen und gib die Infinitivform des Verbs an.

Pronomen	Verbform	Infinitiv
	furent	
	sûmes	
	crut	
	vins	
	mîtes	
	éteignîtes	

6 Das *Futur antérieur*

1. Konjugiere die Verben.

En 2050,

a. Je ____________________ ***(travailler)*** sur plein de projets intéressants.

b. Tu ____________________ ***(avoir)*** différentes voitures.

c. Il ____________________ ***(faire)*** deux fois le tour du monde.

d. Nous ____________________ ***(acheter)*** une maison depuis longtemps.

e. Vous ____________________ ***(lire)*** beaucoup de livres.

f. Ils ____________________ ***(apprendre)*** de nouvelles langues.

2. Wähle das richtige Verb aus und konjugiere es.

partir, cesser, finir, arriver, être, faire.

a. Je ________________ mes devoirs quand il commencera les siens.

b. Tu ________________ une grande star de la chanson quand tu arrêteras ta carrière.

c. Quand il sortira, il ________________ de pleuvoir.

d. Quand nous partirons, il ________________ à la maison.

e. Quand vous arriverez, nous ________________ à manger

f. Elles seront déjà de retour quand leur lettre ________________.

3. Bestimme ob es sich um Futur antérieur [Fa] oder Conditionnel passé [Cp] handelt.

a. J'aurais voulu être un artiste. _____

b. Tom et Julie aurons été en France. _____

c. Ma sœur aurait demandé une poupée pour Noël. _____

d. Tu aurais déjà passé ton bac. _____

e. Vous aurez encore eu des jeux à essayer. _____

f. Nous aurions pu venir vous voir. _____

7 Das *Subjonctif passé*

1. Konjugiere die in Klammern stehenden Verben.

Je regrette…

a. qu'il ____________________ ***(partir)***.

b. qu'il ____________________ ***(ne pas trouver)*** de travail.

c. que je ____________________ ***(ne pas pouvoir)*** aller le voir l'année dernière.

d. que nous ____________________ ***(ne pas faire)*** notre voyage à vélo.

e. que vous ____________________ ***(ne pas voir)*** son fils.

f. qu'il ____________________ ***(ne pas avoir)*** plus souvent de vacances.

Mais je suis content…

g. qu'il ____________________ ***(venir)*** nous rendre visite.

h. que je ____________________ ***(être)*** là quand il est arrivé.

i. qu'il ____________________ ***(rester)*** plusieurs jours.

j. que nous ____________________ ***(faire)*** autant de choses.

k. que vous lui ____________________ ***(téléphoner)*** également.

l. qu'ils ____________________ ***(ne pas oublier)*** de passer lui dire bonjour.

8 Das Partizip Präsens und Gerundium

Übungen zum Partizip Präsens

1. Finde die passende Partizip Präsens Form.

Infinitiv	Participe Présent
Être	
Avoir	
Aimer	
Pouvoir	
Devoir	
Savoir	
Vouloir	
Mettre	
Finir	
Faire	
Sortir	

Übungen zum Gerundium

1. Forme folgende Sätz um und verwende dabei das Gerundium.

Beispiel:
J'écoute de la musique et je lis un livre.
J'écoute de la musique en lisant un livre.

a. Il lit le journal et il boit son café.

____.

b. Nous discutons et nous marchons.

____.

c. Il fait un dessin et il regarde un modèle.

____.

d. Tu manges et tu parles.

____.

e. Il regarde la télé et mange son goûter.

____.

f. Vous dansez et vous chantez une chanson anglaise.

____.

g. Elles jouent de la guitare et elles tapent des pieds en rythme.

____.

h. Elles pleurent et elles lisent une histoire d'amour.

____.

i. Il conduit et il téléphone !

____.

Übungen

Abschlusstests

Lösungen

Alphabetische Verbliste F-D

Abschlusstest 1. Lernjahr

1. Konjugiere die in Klammern stehenden Verben im Präsens.

a. Les élèves ______________ ***(prendre)*** le bus.

b. En vacances, ils ______________ ***(faire)*** des excursions.

c. Aujourd'hui, vous ______________ ***(pouvoir)*** sortir.

d. Sonia ______________ ***(mettre)*** le gâteau au four.

e. Vous ______________ ***(offrir)*** un cadeau à votre mère.

f. Nous ______________ ***(ouvrir)*** la fenêtre.

g. Tu ______________ ***(ramener)*** un livre à la bibliothèque.

2. Ergänze die Sätze mit den selben Verben wie im vorangehenden Satz.

a. Nous préférons la musique classique.

Elsa ______________ la musique rock.

b. La boulangère vend des gâteaux.

Mes parents ______________ leur voiture.

c. J'entends le bruit des voitures dans la rue.

Vous ______________ les oiseaux chanter?

d. Ils écrivent une lettre à leur grand-mère.

L'auteur ______________ un nouveau livre.

e. Vous dormez peu.

Je ______________ longtemps.

3. Konjugiere die Sätze in der Imperativform.

Nos professeurs nous disent toujours:

a. ______________ ***(écouter)*** le dialogue!

b. ______________ ***(lire)*** le texte!

c. ______________ ***(écrire)*** une phrase!

Mes amis me disent toujours:

d. _______________ ***(venir)*** avec nous!

e. _______________ ***(écouter)*** cette chanson!

f. _______________ ***(prendre)*** ta balle de foot!

Mes parents me disent toujours:

g. _______________ ***(faire)*** tes devoirs!

h. _______________ ***(boire)*** moins de coca!

i. _______________ ***(mettre)*** la table!

Je dis toujours à mon petit-frère:

j. _______________ ***(ne pas mettre)*** mes chaussures!

k. _______________ ***(ne pas prendre)*** mes disques!

l. _______________ ***(ne pas jouer)*** avec mes affaires!

4. Konjugiere die in Klammern stehenden Verben im Präsens.

Le week-end, je _______________ ***(faire)*** souvent la même chose. Le samedi matin, je _______________ ***(déjeuner)*** avec mes parents. Je _______________ ***(boire)*** du jus de fruit et _______________ ***(prendre)*** des céréales, mais mes parents _______________ ***(prendre)*** du café et du pain. Ensuite, je _______________***(sortir)*** avec mon frère. Nous _______________ ***(faire)*** du vélo en forêt pendant une heure. Après je _______________ ***(prendre)*** une douche. Je _______________ ***(réviser)*** mes leçons de la semaine, ainsi, je _______________ ***(pouvoir)*** faire ce que je _______________ ***(vouloir)*** le dimanche.

Le midi, mes grands-parents _______________ ***(venir)*** chez nous. Mon père et moi _______________ ***(cuisiner)*** et nous _______________ ***(manger)*** tous ensemble. Après le repas, on _______________ ***(promener)*** mon chien, Jack.

Son jeu préféré? On ________________ ***(jeter)*** la balle et il ________________ ***(aller)*** la chercher.

L'après-midi, je ________________ ***(finir)*** mon travail puis je ________________ ***(aller)*** à mon entraînement de natation. Je ________________ ***(préférer)*** la natation aux autres sports. Mon entraîneur ________________ ***(s'appeler)*** Thomas. Il ________________ ***(être)*** très sympa.

Après mon entraînement,moi et un ami ________________ ***(passer)*** à la boulangerie. Nous ________________ ***(acheter)*** des croissants pour le dimanche matin.

Le soir, mes parents ________________ ***(cuisiner)*** un bon plat. Enfin, je ________________ ***(aller)*** au lit et ________________ ***(lire)*** un livre avant de dormir.

5. Konjugiere die in Klammern stehenden Verben im *Futur composé*.

Demain,

a. je ________________ ***(faire)*** une randonnée en forêt.

b. Thierry et Pascale ________________ ***(visiter)*** Strasbourg.

c. Rémy ________________ ***(prendre)*** l'avion.

d. mon père et ma mère ________________ ***(travailler)*** toute la journée.

e. vous ________________ ***(appeler)*** votre oncle.

f. Mathéo et moi ________________ ***(courir)*** en forêt.

g. tu ________________ ***(acheter)*** un nouveau manteau.

h. Lisa et Maria ________________ ***(promener)*** le chien.

6. Kreuze die richtige Verbform an.

a. Je ***(cueillir)*** des fleurs dans mon jardin.
☐ cueille ☐ cueillent ☐ cueilles

b. Il ***(sentir)*** l'odeur qui vient de la cuisine.
☐ sent ☐ sens ☐ sentent

c. Tu ***(dormir)*** mieux dans ton nouveau lit.
☐ dort ☐ dors ☐ dormez

d. Ils ***(courir)*** avec leur club ce matin.
☐ courent ☐ court ☐ cours

e. Vous ***(retenir)*** le nom de chaque ville que tu visites.
☐ retenez ☐ retiennent ☐ retiens

f. Nous ***(sortir)*** nos vélos du garage.
☐ sortons ☐ sortez ☐ sortent

Abschlusstest 2. Lernjahr

1. Konjugiere die in Klammern stehenden Verben im Präsens.

a. Je ________________ ***(dormir)*** mieux que lui.

b. Nous ________________ ***(choisir)*** le lieu de nos prochaines vacances.

c. Samuel et Yann ________________ ***(grandir)*** encore.

d. Le vent ________________ ***(rafraîchir)*** l'air.

e. Mes amis ________________ ***(venir)*** me rendre visite.

f.Les feuilles ________________ ***(jaunir)*** en automne.

g. Les pompiers ________________ ***(secourir)*** les gens.

h. La balle ________________ ***(rebondir)*** devant le filet.

i. Les élèves ________________ ***(découvrir)*** une nouvelle langue.

2. Konjugiere die in Klammern stehenden Verben im Imperfekt.

a. Il ________________ ***(faire)*** du sport.

b. ________________ ***(être)*** en Angleterre l'été dernier.

c. Lise, Paul et moi ________________ ***(aller)*** ensemble à l'école.

d. Vous ________________ ***(regarder)*** un film chaque dimanche.

e. Eloïse ________________ ***(écrire)*** souvent des histoires.

f. Je ________________ ***(nager)*** chaque samedi matin.

g. Chaque année, vous ________________ ***(devoir)*** déménager.

h. Ils ________________ ***(pouvoir)*** courir rapidement.

i. Tu ________________ ***(connaître)*** tous les noms d'oiseaux.

j. Stéphane ________________ ***(ouvrir)*** toujours les fenêtres.

k. Alain ________________ ***(savoir)*** réparer un moteur.

l. Le matin, elles ________________ ***(boire)*** du café.

m. Tu ______________ ***(changer)*** de club de sport.

n. On ______________ ***(finir)*** l'école à seize heures trente.

o. Enfant, il ______________ ***(mentir)*** parfois.

3. Konjugiere die in Klammern stehenden Verben im Perfekt.

a. Joseph ______________ ***(mettre)*** la table.

b. Louis et moi ______________ ***(courir)*** dans la forêt.

c. Les adolescents ______________ ***(jouer)*** à la console.

d. Vous ______________ ***(faire)*** du shopping en ville.

e. Je ______________ ***(écouter)*** de la musique.

f. Tu ______________ ***(étudier)***?

4. Forme folgende Sätze nach dem Pronomen um.

a. Je suis rentré chez moi.

Elle ______________ chez elle.

b. Vous êtes nés en 2001?

Ils ______________ en 2001 ?

c. Il a rangé les affaires.

On ______________ les affaires.

d. Thomas est descendu de la montagne.

Elles ______________ de la montagne.

e. Vous avez lu le livre?

Elles ______________ le livre?

f. Ils sont passés devant la maison.

Il ______________ devant la maison.

g. Luc: „ Je suis arrivé en retard".

Louise: „Je ______________ en retard".

h. Vous avez cuisiné.

Elles ______________ (cuisiner).

5. Vervollständige folgenden Text mit den Verben in der Imperfektform.

Quand mon père ______________ ***(être)*** jeune, il me ______________ ***(ressembler)***. Il ______________ ***(avoir)*** les cheveux longs. Ses parents ______________ ***(ne pas aimer)*** la musique qui ______________ ***(sortir)*** de sa chambre. Mon père ______________ ***(préférer)*** les boissons sucrées. Lui et ses amis ______________ ***(boire)*** toujours du coca. Ils ______________ ***(se voir)*** souvent, mais mon père ______________ ***(faire)*** toujours ses devoirs avant de sortir. Ses parents ______________ ***(ne pas vouloir)*** qu'il rentre tard le week-end. Quand un nouveau film ______________ ***(sortir)*** au cinéma, il ______________ ***(vouloir)*** souvent le voir, même si parfois, il ______________ ***(ne pas pouvoir)***.

6. Louise erzählt von ihrem Ausflug nach Straßburg. Vervollständige den Text mit den Verben im *Passé Composé*.

Dimanche dernier, je ______________ ***(aller)*** à Strasbourg avec mes parents. Mon père ______________ ***(conduire)*** sa nouvelle voiture. Nous ______________ ***(partir)*** à huit heures le matin et nous ______________ ***(arriver)*** vers dix heures. Je ______________ ***(dormir)*** dans la voiture. Une fois arrivés, nous ______________ ***(acheter)*** des croissants dans une boulangerie. Ah! Nous ______________ ***(se régaler)***. Ensuite, mes parents et moi ______________ ***(faire)*** un tour dans la ville. Mon père ______________ ***(demander)*** le chemin une ou deux fois. A chaque fois, les gens ______________ ***(répondre)*** avec un grand sourire. Le midi, nous ______________ ***(manger)*** dans un restaurant. Le serveur ______________

(parler) allemand avec nous. Ensuite, nous ______________ ***(marcher)*** encore un peu et nous ______________ ***(rester)*** quelques temps dans un parc pour manger une glac**e.** Le soir, nous ______________ ***(voir)*** un spectacle musical. Ma mère et moi ______________ ***(s'amuser)***, mais mon père ______________ ***(ne pas aimer)***. Après le spectacle, mon père ______________ ***(acheter)*** des sandwichs. Ensuite, nous ______________ ***(retourner)*** à la voiture et nous ______________ ***(repartir)***. Le soir, je ______________ ***(aller)*** au lit bien fatiguée, mais contente de ma journée. Je ______________ ***(écouter)*** un peu de musique, avant de m'endormir.

Abschlusstest 3. Lernjahr

1. Vervollständige den Text mit den Verben im Imperfekt oder Perfekt.

Ce ________________ ***(être)*** un mardi matin, début juin. Le professeur ________________ ***(expliquer)*** une règle de grammaire. Les élèves ________________ ***(écouter)*** attentivement mais ________________ ***(penser)*** aussi à la pause du midi qui ________________ ***(approcher)***. Il ________________ ***(faire)*** déjà chaud dans la salle de classe. Les fenêtres ouvertes ________________ ***(laisser)*** passer un peu d'air. Tout à coup, les cloches de l'école ________________ ***(sonner)***. Le professeur ________________ ***(dire)*** aux élèves qu'ils ________________ ***(pouvoir)*** partir. Alors, ils ________________ ***(ranger)*** leurs affaires, ils ________________ ***(prendre)*** leur sac et ils ________________ ***(sortir)***. Tous ________________ ***(parler)*** fort et le bruit des voix ________________ ***(résonner)*** dans le couloir. L'école ________________ ***(vivre)***. Les élèves ________________ ***(aller)*** dans la cour. Quelques-uns ________________ ***(discuter)***, d'autres ________________ ***(organiser)*** des jeux. On ________________ ***(sentir)*** que l'été ________________ ***(arriver)***. Après quelques minutes, les élèves ________________ ***(aller)*** à la cantine. Ils ________________ ***(avoir)*** faim. Ils ________________ ***(manger)*** et ________________ ***(rigoler)*** ensemble.

2. Konjugiere die Verben im Perfekt. Passe das Partizip, wenn notwendig, dem Gechlecht der Nomen an.

a. Thomas et Louise ________________ ***(aller)*** à la mer ce week-end. Louise ________________ ***(se baigner)***, mais Thomas ________________ ***(rester)*** sur le sable.

b. Mes petites sœurs ________________ ***(jouer)*** toute la journée. Le soir, elles ________________ ***(s'endormir)*** facilement.

c. Je ***(Laura)*** _______________ ***(se promener)*** dans les bois. _______________ ***(voir)*** une biche.

d. Son fils _______________ ***(courir)*** derrière le lapin. Il _______________ ***(faire)*** un film avec sa caméra.

e. Nos parents _______________ ***(se rencontrer)*** en ville. Ils _______________ ***(discuter)*** pendant plusieurs minutes.

f. Elle _______________ ***(arriver)*** hier. Elle _______________ ***(venir)*** en train.

3. Konjugiere die in Klammern stehenden Verben im Futur.

a. L'année prochaine, je _______________ ***(partir)*** au Canada.

b. Nous _______________ ***(jouer)*** dans un nouveau club de sport.

c. Ils _______________ ***(devenir)*** riches grâce à leur invention.

d. Jules et toi _______________ ***(être)*** toujours en Australie.

e. Mon frère _______________***(courir)*** plusieurs marathons.

f. Nous _______________ ***(pouvoir)*** partir en bateau.

g. Je _______________ ***(savoir)*** parler parfaitement français.

4. Benutze für jeden Satz Perfekt und Plusquamperfekt.

a. Quand il _______________ ***(arriver)***, elle _______________ ***(partir)*** depuis cinq minutes.

b. Il _______________ ***(finir)*** de lire ses leçons quand je _______________ ***(frapper)*** à sa porte.

c. Lorsque tu _______________ ***(téléphoner)***, nous _______________ ***(sortir)*** depuis peu.

d. Vous _______________ ***(commencer)*** à sortir les cartons quand les déménageurs _______________ ***(arriver)***.

e. Nous _______________ ***(sortir)*** quand le facteur _______________ ***(arriver)***

f. Elles ________________ ***(voir)*** le film trois fois lorsque nous ________________ ***(aller)*** au cinéma.

5. Konjugiere die in Klammern stehenden Verben im *Conditionnel*.

a. Nous ________________ ***(vouloir)*** sortir avec nos amis.

b. Je ________________ ***(pouvoir)*** avoir un jus de fruits?

c. Ils ________________ ***(vouloir)*** faire le tour du monde.

d. Tu ________________ ***(aimer)*** aller au restaurant?

e. ________________ ***(avoir)*** -vous le journal du jour?

f. Pardon, ________________ ***(pouvoir)*** -tu me donner l'heure?

g. Je ________________ ***(aimer)*** essayer cette robe.

h. ________________ ***(pouvoir)*** -nous venir demain?

6. Forme folgende Sätze um und verwende dabei das Verb *falloir*.

a. Nous avons besoin d'aller à Paris.

____.

b. Vous avez besoin d'aide?

____.

c. Elles ont besoin de faire des courses pour le gâteau.

____.

d. Tu as besoin de faire du sport.

____.

e. J'ai besoin d'un nouveau vélo.

____.

f. Ils ont besoin de déguisements pour le carnaval.

____.

7. Forme folgende Sätze um und verwende dabei *avoir besoin de*.

a. Il vous faut manger chaque jour des fruits et légumes.

____.

b. Il leur faut s'entraîner régulièrement.

____.

c. Il me faut boire un verre d'eau.

____.

d. Il te faut acheter des chaussures de marche.

____.

Abschlusstest 4. Lernjahr

1. Konjugiere die in Klammern stehenden Verben im *Subjonctif*.

Il faut que...

a. je ________________ ***(faire)*** un peu de sport.

b. vous ________________ ***(dormir)*** mieux.

c. Cédric ________________ ***(réfléchir)*** un peu plus.

d. elle ________________ ***(appeler)*** sa sœur pour son anniversaire.

e. nous ________________ ***(apprendre)*** cette poésie.

f. mes parents ________________ ***(venir)*** me chercher.

2. Konjugiere die in Klammern stehenden Verben im *Conditionnel*.

Si c'était possible,

a. nous ________________ ***(dormir)*** huit heures.

b. il ________________ ***(faire)*** du sport chaque jour.

c. nous ________________ ***(prendre)*** l'avion pour l'Australie.

d. vous ________________ ***(emmener)*** le chien en vacances.

e. tu ________________ ***(construire)*** une maison toi-même.

f. je ________________ ***(changer)*** de métier.

g. on ________________ ***(acheter)*** plus de produits bio.

h. tu ________________ ***(écrire)*** un livre en anglais.

3. Konjugiere die in Klammern stehenden Verben im *Conditionnel passé*.

Si cela avait été possible,

a. il ________________ ***(courir)*** le marathon.

b. vous ________________ ***(aller)*** sur Mars.

c. nous ________________ ***(prendre)*** sa voiture pour la soirée.

d. ils ________________ ***(franchir)*** les obstacles.

e. tu ________________ ***(vendre)*** du muguet chaque week-end.

f. je ________________ ***(être)*** cosmonaute.

g. elles ________________ ***(finir)*** de peindre les murs.

h. Cyril et Jonathan ________________ ***(regarder)*** le film.

4. Passe das Partizip, wenn notwendig, an.

Aujourd'hui, c'est la fête des mères. Yann a rapporté____ des fleurs pour sa mère. Il les a cueilli____ dans les champs, non loin de la maison. Sa mère était très contente. Elle a senti____ les fleurs, et a souri____. Elle les a mis____ dans un vase qu'elle a rempli____ d'eau. Ensuite, elle les a posé____ sur la table du salon. Les fleurs ont rempli____ la pièce de leur parfum. La mère de Yann l'a remercié____. Yann l'a embrassé____, l'a serré____ dans ses bras, et lui a souhaité____ une joyeuse fête des mères.

5. Konjugiere die Verben im *Passé simple*.

a. Il ________________ ***(être)*** un homme très important.

b. Nous ________________ ***(pouvoir)*** assister au concert.

c. Vous ________________ ***(avoir)*** de la chance.

d. Ils ________________ ***(connaître)*** la gloire.

e. Moi et mon ami ________________ ***(vouloir)*** aller au resto.

f. Tu ________________ ***(contacter)*** ton école.

g. Jacques ________________ ***(acheter)*** une nouvelle chemise.

6. Wähle die richtige Verform im *Futur antérieur* aus.

a. J'________________ fait le tour du monde.

☐ aurais ☐ aurai ☐ avais

b. Mon frère ________________ rentré d'Australie.

☐ serait ☐ seras ☐ sera

c. Nous ________________ lu beaucoup de livres.

☐ auront ☐ aurons ☐ aurions

d. Cynthia et Thérèse ________________ ouvert un restaurant.

☐ aurons ☐ auraient ☐ auront

e. Tu ________________ voulu déménager.

☐ aurai ☐ auras ☐ aurais

f. Vous ________________ participé à bon nombre de courses.

☐ auriez ☐ aurez ☐ avais

g. Mon ami et moi ________________ partis en week-end.

☐ seront ☐ aurons ☐ serons

g. Son ________________ fini ses études.

☐ auras ☐ aurai ☐ aura

7 Ergänze die Sätze mit den Hilfsverben im *Subjonctif passé*.

Il est bien...

a. qu'il ________________ pris le train ce matin au lieu de sa voiture.

b. que vous ________________ pu rencontrer votre professeur.

c. que tu ________________ fait cette excursion avec tes camarades.

d. que je ________________ venu de bonne heure.

e. qu'ils ________________ acheté des produits bios.

f. que nous ________________ entendu le facteur arriver.

8. Forme folgende Sätze ins Gerundium um.

a. Elle fait ses devoirs et elle écoute de la musique.

Elle fait ses devoirs ________________________________.

b. Nous parlons et nous courons.

Nous parlons ________________________________.

c. Mathis et son petit frère jouent et ils prennent leur bain.

Mathis et son petit frère jouent ________________________________.

d. Elles écoutent de la musique et elles dansent.

Elles écoutent de la musique ________________________________.

e. Vous vous promenez en ville et vous faîtes des photos.

Vous vous promenez en ville ________________________________.

Übungen

Abschlusstests

Lösungen

Alphabetische Verbliste F-D

Lösungen zu den Übungen

1. Lernjahr

1 Die Verben im Präsens

Übungen zu den Verben *être* und *avoir*

1. Waagerecht: es / est / avons / ont / sommes / ai / a
Senkrecht: a / sont /es /suis / avez
2. a. as **b.** a **c.** es **d.** est **e.** ont **f.** sont

Übungen zu den Verben auf *-er* im Präsens

1. Je joue, saute, dîne, chauffe. **Tu** aimes, ajoutes, cites. **Il / elle** joue saute, dîne, chauffe. **Nous** dansons, prions, acceptons. **Vous** travaillez, allumez, chantez, achetez, gardez. **Ils /Elles** mangent, affichent, abandonnent, lancent, amusent
2. a. P **b.** S **c.** P **d.** S **e.** P **f.** P
3. a. fermez **b.** habitent **c.** demande **d.** danse **e.** entrons **f.** chantes
4. joue / joue / jouez; danses / dansons / dansent; sautons / sautez / sautent; aime / aime / aiment

Übungen zu den Verben auf *-er* mit stamm- und endungsbetonten Formen

1. a. achètes **b.** pèse **c.** enlevons **d.** achetons **e.** lèvent **f.** amènent
2. a. appelle **b.** jettes **c.** épelle **d.** rappelle **e.** jette **f.** rachètes
3. préfère / préfère / préférez / complètes / complétons / complètent / répétons / répétez / répètent / exagère / exagère / exagèrent
4. a. préfère **b.** achète **c.** rejettes **d.** appelle **e.** pèse **f.** exagèrent

Übungen zu den Verben *pouvoir, vouloir, savoir, devoir*

1. peux / peut / pouvez, veux / voulons / veulent, sait /savez /savent, dois / dois / devez

Übungen zu den Verben auf *-dre*

1. a. Tu **b.** Nous **c.** Vous **d.** Ils /Elles **e.** nous **f.** Il / Elle

Übungen zum Verb *mettre*

1. Ab, Bd, Ca, De, Ef, Fc
2. Waagerecht: **1.** mettons **2.** met **4.** mettent
Senkrecht: **1.** mettez **3.** mets

Übungen zu den Verben *offrir* und *ouvrir*

1. J'offre, Nous offrons, Ils offrent , Tu ouvres, Il ouvre, Vous ouvrez

Übungen zu den Verben *lire, dire, écrire*

1. a. lit **b.** écrivez **c.** dit **d.** lisez **e.** disons **f.** écris

Übungen zu den Verben *boire* und *prendre*

1. a. bois **b.** bois **c.** boit **d.** buvons **e.** buvez **f.** boivent **g.** prends **h.** prends **i.** prend **j.** prenons **k.** prenez **l.** prennent

Übungen zum Verb *faire*

1. Waagerecht: fait / fais /font.
Senkrecht: faîtes / fait / faisons

Übungen zu den Verben *sortir, dormir, sentir...*
1. a. sens **b.** sortent **c.** dort **d.** courons **e.** cueille **f.** retenez

Übungen zu den Verben *aller* und *venir*
1. a. vas **b.** va **c.** venons **d.** allez **e.** viens **f.** viennent
2. a. viens / vais **b.** va / vais **c.** venez / viens **d.** vient / viens **e.** vont **f.** va

2 Der Imperativ

1. a. ferme **b.** range **c.** finis **d.** fais **e.** baisse **f.** Viens
2. 2. P. Singular ferme / finis / fais / dis / amène **1. P. Plural** attrapons / allons **2. P. Plural** buvez / sortez
3. a. lisez **b.** pliez **c.** buvez **d.** sortez **e.** ouvrez **f.** allez
4. a. ne touchez pas **b.** ne lisez pas **c.** n'allumez pas **d.** n'allez pas **e.** ne mangez pas **f.** ne buvez pas

3 Das *Futur composé* (Nahe Zukunft)

1. a. Vas sortir **b.** Vais prendre **c.** allons aller **d.** allez ranger **e.** va rentrer **f.** vont faire
2. Af, Bd, Cc, Db, Ef, Fa
3. je vais dormir / je vais courir / je vais déjeuner / je vais faire / je vais manger / je vais regarder

2. Lernjahr

1 Die Verben im Präsens

Übungen zu *partir, servir, mentir...*
1. a. soutiens **b.** reviennent **c.** devient **d.** partons **e.** ment **f.** servez

Übungen zu den Verben auf *-ir* mit Stammerweiterung
1. a. is **b.** issent **c.** it **d.** is **e.** issons **f.** issez
2. Waagerecht: **6.** rétablis **7.** rugit **8.** salis **9.** réussissez **10.** réussissent Senkrecht: **1.** éclaircissons **2.** vernit **3.** finis **4.** réfléchis **5.** remplissez

Übungen zu *croire, lire, boire, voir, écrire, courir*
1. crois, croit, croyez / lis, lisons, lisent / boit, buvez, boivent / vois, vois, voyez / écrit, écrivons, écrivent / cours, cours, courons

Übungen zur reflexiven Form
1. a. se **b.** te **c.** me **d.** vous **e.** se **f.** nous
2. a. me fais **b.** vous fatiguez **c.** s'appellent **d.** nous souvenons **e.** s'achète **f.** t'habilles

2 Das Perfekt

Übungen zum Perfekt mit *être*
1. Aa, Bd, Ce, Db, Ef, F
2. a. suis allé **b.** es partie **c.** est resté **d.** sommes arrivés **e.** êtes venues **f.** sont descendues

Übungen zum Perfekt mit *avoir*
1. Waagerecht: **3.** souri **4.** écrit **6.** parlé **8.** vendu **10.** dû **11.** bu Senkrecht: **1.** su **2.** fini **4.** été **5.** rendu **6.** pu **7.** lu **9.** eu

Übungen zum Perfekt mit *être* und *avoir*

1. a. découvert **b.** devenu **c.** lancé **d.** fait **e.** choisi **f.** dit
2. avoir : mangé, été ,eu ,fini, dormi, marché / **être :** arrivé, parti, resté
3. a. est / a **b.** a / est **c.** est / a

Übungen zur Anpassung der Partizipendung

1. a. s **b.** - **c.** - **d.** e **e.** s **f.** es
2. a. sont partis **b.** a posé **c.** n'a pas aimé **d.** est arrivée **e.** ont vendu **f.** sont venus
3. a. est allée **b.** sont allés **c.** suis allé **d.** sont allés **e.** sont allées **f.** es allée
4. a pris, est allée, a vu, a rencontré, est rentrée, a fait

Übungen zur Reflexivform im Perfekt

1. a. s'est réveillé **b.** me suis cassé **c.** nous sommes vus **d.** t'es lavé(e) **e.** vous êtes rencontré(e)s **f.** se sont téléphoné

3 Das Imperfekt

1. Ac/e, Bc/e, Cf, Da, Ed, Fb
2. a. habitais **b.** jouais **c.** avait **d.** lisions **e.** regardiez **f.** faisaient **g.** êtes en train de lire **h.** viennent de partir **i.** venons de rentrer
3. Waagerecht: 1. deviez **3.** allais **6.** faisions **8.** sortaient **10.** vendait **11.** buvais
Senkrecht: 1. dormaient **2.** finissais **4.** lisiez **5.** savait **7.** pouvions **9.** venais
4. a. aimais **b.** écoutais **c.** habitait **d.** regardions **e.** mangiez **f.** adoraient
5. a. P **b.** I **c.** P **d.** I **e.** P **f.** P

4 *Etre en train de / venir de*

1. a. suis en train de me laver **b.** es en train de préparer **c.** viens de laver **d.** est en train d'apprendre **e.** viennent de mettre **f.** sommes en train de faire **g.** êtes en train de lire **h.** viennent de partir **i.** venons de rentrer

3. Lernjahr

1 Perfekt und Imperfekt

1. a. allaient **b.** as joué **c.** avons dormi **d.** ont fini **e.** a eu **f.** avez fait
2. était, était, faisait, me promenais, respirais, chantaient, eu envie, suis rentré(e), j'ai mis, je suis sorti(e)
3. s'est levé, a pris, a déjeuné, est parti, est arrivé, étaient, étaient, faisait, portait, se sont ouvertes, était

2 Das Plusquamperfekt

1. a. avait fait **b.** avais cueilli **c.** avait acheté **d.** avions visité **e.** avais offert **f.** avait fini
2. a. avais mangé **b.** avions fait **c.** aviez trouvé **d.** était partie **e.** avait dit / aviez (déjà) raccroché, f. nous nous sommes mariés / avions (déjà) acheté
3. a. P **b.** Pq **c.** P **d.** Pq **e.** Pq **f.** P
4. Aa, Bd, Ce, Db, Ef, Fc
5. était, travaillait, avait révisé, avait commencé, faisait, brillaient, avait ouvert, n'avait pas senti, était, a rompu, régnait, a décroché, était, voulait, a répondu, était, préférait, ont parlé, se sont donné, est allée

3 Das Futur I

1. Ac, Be, Cf, Da, Ed, Fb
2. Waagerecht: serai / sera /serons
Senkrecht: seront /serez / sera
3. a. aurai **b.** auras **c.** aura **d.** aurons **e.** aurez **f.** auront
4. a. voyagerai **b.** travailleras **c.** ira **d.** finirons **e.** écrirez **f.** partiront
5. a. ferai **b.** deviendras **c.** aimera **d.** croirons **e.** choisirez **f.** diront

4 Das Conditionnel

1. a. ais **b.** ais **c.** ait **d.** ions **e.** iez **f.** aient
2. a. voudrais **b.** pourrais **c.** pourrait **d.** auriez **e.** voudrais **f.** pourriez
3. Waagerecht: 7. donnerions **8.** pourrais **10.** ferais **11.** auriez **12.** irait **Senkrecht: 1.** sortiriez **2.** aimeraient **3.** croirais **4.** vendraient **5.** serions **6.** finirions **9.** saurait
4. a. partirais **b.** irions **c.** pourriez **d.** serait **e.** s'appellerait **f.** verrions
5. Futur mangeras, aimera, pourront, voudrez, seras, sauras **Conditionnel** finirions, entendrions, pourriez, aurais, sauriez

5 Das Perfekt: Reflexivform

1. Ad, Bf, Ce, Da, Eb, Fc
2. a. me suis levé(e) **b. t'**es fait mal **c.** s'est excusé **d.** nous sommes téléphoné **e.** vous êtes baigné(e)(s) **f.** se sont acheté
3. a.les parents se sont inquiétés. **b.** Vous vous êtes amusés toute la soirée. **c.** Ma sœur s'est acheté une nouvelle robe d. Je me suis lavé les cheveux. e. Nous nous sommes battus pour la victoire.
f. Tu t'es habitué(e) à courir
4. a. es **b.** s **c.** e **d.** s **e.** e **f.** s

6 *Il faut / Avoir besoin de* im Präsens

1. a. Il me faut un ordinateur **b.** Il te faut dormir **c.** Il lui faut travailler plus **d.** Il nous faut du sucre pour le gâteau **e.** Il vous faut acheter une voiture **f.** Il leur faut plus de livres.
2. a. ai besoin d'entraînement **b.** as besoin de suivre un cours **c.** il a besoin de farine **d.** avons besoin d'endurance **e.** avez besoin de chance **f.** ont besoin de bien dormir
3. a. Ils ont besoin d'un ordinateur **b.** Il a besoin de se dépêcher **c.** Vous avez besoin d'aller faire des courses **d.** J'ai besoin d'acheter un livre **e.** Tu as besoin de te reposer
f. Tu t'es habitué à courir

4. Lernjahr

1 Der *Subjonctif présent*

Übungen zu den regelmäßigen Verben

1. aiment, aime / sortent, sortes / entendent, entende / finissent, finissions / vendent, vendiez / appellent, appellent
2. a. sorte **b.** ranges **c.** téléphone **d.** réfléchissions **e.** appreniez **f.** dorment

Übungen zu den unregelmäßigen Verben

1. Etre Je sois, nous soyons, ils /elles soient **Avoir** tu aies, il / elle /on ait, vous ayez

2. a. fasse **b.** ailles **c.** sache **d.** puissions **e.** veniez **f.** veuillent

2 Das *Conditionnel*

1. a. n'irais pas **b.** devrait **c.** rencontreriez **d.** rentrerais **e.** nous promènerions **f.** prendrais
2. a. sortirais **b.** passerais **c.** partirai **d.** ferions **e.** viendriez **f.** parleraient

3 Das *Conditionnel passé*

1. Ae, Bc, Ca, Df, Ed, Fb
2. serais monté(e), j'aurais fait du, j'aurais voyagé, j'aurais eu des, j'aurais appris, je serais allé(e)
3. a. Je n'aurais pas voulu aller au concert. **b.** Vous ne seriez pas allés à Paris sans moi. **c.** Ils n'auraient pas dormi plus longtemps. **d.** Nous n'aurions pas été chanteurs. **e.** Il ne serait pas sorti au cinéma. **f.** Tu n'aurais pas monté le meuble
4. a. serait restée **b.** aurait acheté **c.** aurait dit **d.** aurait refusé **e.** elle serait venue **f.** aurait attendu

4 Die Veränderlichkeit des Partizips mit *avoir*

1. a. s **b.** e **c.** es **d.** s **e.** e **f.** e
2. a. les fruits **b.** les livres **c.** ton ami **d.** le message **e.** les pizzas **f.** ton frère
3. achetés, trouvés, demandé, trouvée, ouverte, mangé, mangés, aimée
4. reçus, rendu, cuisiné, soufflées, allumé, venus, gardées

5 Das *Passé simple*

1. Etre Je fus, Nous fûmes, Ils / Elles furent **Avoir** Tu eus, Il / Elle / On eut, Vous eûtes
2. a. pus **b.** sus **c.** voulut **d.** dûmes **e.** vîtes **f.** vinrent
3. Waagerecht: 6. crurent **7.** achetas **9.** vendit **12.** appelai
Senkrecht: 1. prirent **2.** lûtes **3.** dormîtes **5.** vécut **8.** aimas **10.** dîmes **11.** fis
4. Ils / Elles (être), Nous (savoir), Il / Elle (croire), Je / Tu (venir), Vous (mettre), Vous (éteindre)

6 Das *Futur antérieur*

1. a. aurai travaillé **b.** auras eu **c.** aura fait **d.** aurons acheté **e.** aurez lu **f.** auront appris
2. a. aurai fini **b.** auras été **c.** aura cessé **d.** sera arrivé **e.** aurons fait **f.** sera partie
3. a. Cp **b.** Fa **c.** Cp **d.** Cp **e.** Fa **f.** Cp

7 Das *Subjonctif passé*

1. a. soit parti **b.** n'ait pas trouvé **c.** n'aie pas pu **d.** nous n'ayons pas fait **e.** n'ayez pas vu **f.** n'ait pas eu **g.** soit venu **h.** j'aie été **i.** soit resté **j.** ayons fait **k.** ayez téléphoné **l.** n'aient pas oublié

8 Das Partizip Präsens und Gerundium

Übungen zum Partizip Präsens

étant, ayant, aimant, pouvant, devant, sachant, voulant, mettant, finissant, faisant, sortant

Übungen zum Gerundium

1. a. en buvant **b.** en marchant **c.** en regardant **d.** en parlant **e.** en mangeant **f.** en chantant **g.** en tapant **h.** en lisant **i.** en téléphonant

Lösungen zu den Abschlusstests

Abschlusstest 1. Lernjahr

1. a. prennent **b.** font **c.** pouvez **d.** met **e.** offrez **f.** ouvrons **g.** ramènes
2. a. préfère **b.** vendent **c.** entendez **d.** écrit **e.** dors
3. a. écoutez **b.** lisez **c.** écrivez **d.** viens **e.** écoute **f.** prends **g.** fais **h.** bois **i.** mets **j.** ne mets pas **k.** ne prends pas **l.** ne joue pas
4. fais , déjeune, bois , prends, prennent, sors, faisons, prends, révise, peux, veux, viennent, cuisinons, mangeons, promène, jette, va, finis, vais, préfère, s'appelle, est, passe, achetons, cuisinent, vais, lis
5. a. vais faire **b.** vont visiter **c.** va prendre **d.** vont travailler **e.** allez appeler **f.** allons courir arrivée **h.** ont cuisiné **g.** vas acheter **h.** vont promener
6. a. cueille **b.** sent **c.** dors **d.** courent **e.** retenez **f.** sortons

Abschlusstest 2. Lernjahr

1. a. dors **b.** choisissons **c.** grandissent **d.** rafraîchit **e.** viennent **f.** jaunissent **g.** secourent **h.** rebondit **i.** découvrent
2. a. faisait **b.** étions **c.** allions **d.** regardiez **e.** écrivait **f.** nageais **g.** deviez **h.** pouvaient **i.** connaissais **j.** ouvrait **k.** savait **l.** buvaient **m.** changeais **n.** finissait **o.** mentait
3. a. a mis **b.** avons couru **c.** ont joué **d.** avez fait **e.** ai écouté **f.** as étudié
4. a. est rentrée **b.** sont nés **c. a** rangé **d.** sont descendues **e.** ont lu **f.** est passé **g.** suis **h.** ont
5. était, ressemblait, avait, n'aimaient pas, sortait, préférait, buvaient, se voyaient, faisait, ne voulaient pas, sortait, voulait, ne pouvait pas
6. suis allée, a conduit, sommes partis, sommes arrivés, ai dormi, avons acheté, nous sommes régalés, avons fait, a demandé, ont répondu, avons mangé, a parlé, avons marché, sommes restés, avons vu, nous sommes amusés, n'a pas aimé, a acheté, sommes retournés, sommes repartis, suis allée, ai écouté

Abschlusstest 3. Lernjahr

1. était, expliquait, écoutaient, pensaient, approchait, faisait, laissaient, ont sonné, a dit, pouvaient,ont rangé, ont pris, sont sortis, parlaient, résonnait, vivait, sont allés, discutaient, organisaient, sentait, est arrivé, sont allés, avaient, ont mangé, ont rigolé
2. a. sont allés, s'est baignée, est resté **b.** ont joué, se sont endormies **c.** me suis promenée, ai vu **d.** a couru, a fait **e.** se sont rencontrés, ont discuté **f.** est arrivée, est venue
3. a. partirai **b.** jouerons **c.** deviendront **d.** serez **e.** courra **f.** pourrons **g.** saurai
4. a. est arrivé, était partie **b.** avait fini, ai frappé **c.** as téléphoné, étions sortis **d.** aviez commencé, sont arrivés **e.** étions sortis, est arrivé **f.** avaient vu, sommes allés

5. a. voudrions **b.** pourrais **c.** voudraient **d.** aimerais **e.** auriez **f.** pourrais **g.** aimerais **h.** pourrions
6. a. Il nous faut aller à Paris. **b.** Il vous faut de l'aide. **c.** Il leur faut faire des courses. **d.** Il te faut faire du sport. **e.** Il me faut un nouveau vélo **f.** Il leur faut des déguisements.
7. a. Vous avez besoin de manger. **b.** Ils ont besoin de s'entraîner **c.** J'ai besoin de boire **d.** Tu as besoin d'acheter

Abschlusstest 4. Lernjahr

1. a. fasse **b.** dormiez **c.** réfléchisse **d.** appelle **e.** apprenions **f.** viennent
2. a. dormirions **b.** ferait **c.** prendrions **d.** emmènerions **e.** construirais **f.** changerais **g.** achèterait **h.** écrirais
3. a. aurait couru **b.** seriez allé(e)(s) **c.** aurions pris **d.** auraient franchi **e.** aurais vendu **f.** aurais été **g.** auraient fini **h.** auraient regardé
4. rapporté, cueillies, senti, souri, mises, rempli, posées, rempli, remercié, embrassée, serrée, souhaité
5. a. fut **b.** pûmes **c.** eûtes **d.** connurent **e.** voulûmes **f.** contactas **g.** acheta
6. a. aurai **b.** sera **c.** aurons **d.** auront **e.** auras **f.** auriez **g.** serons **h.** aura
7. a. ait **b.** ayez **c.** aies **d.** sois **e.** aient **f.** ayons
8. a. en écoutant de la musique **b.** en courant **c.** en prenant leur bain **d.** en dansant **e.** en faisant des photos

Übungen

Abschlusstests

Lösungen

Alphabetische Verbliste F-D

Alphabetische Verbliste

In nachstehender Liste sind die wichtigsten regelmäßigen und unregelmäßigen französischen Verben in alphabetischer Folge aufgeführt. Zusätzlich sind bei einigen Verben die zugehörigen Präpositionen angegeben, deren korrekte Verwendung gerade dem deutschen Benutzer immer wieder Schwierigkeiten bereitet.

Die Zahlen verweisen auf die Konjugationsnummern der in diesem Buch beispielhaft konjugierten Verben. Diese Musterverben sind rot hervorgehoben. Unvollständige Verben, deren Konjugation Du auf den Seiten 102 - 106 findest, sind durch déf. (défectif) bezeichnet. Verben, deren zusammengesetzte Zeiten mit dem Hilfsverb être gebildet werden, sind durch ein rotes Sternchen (*) gekennzeichnet, Verben mit wechselndem Gebrauch von avoir und être sind mit einem blauen Sternchen (*) markiert.

Werden Verben auch reflexiv verwendet, ist dies mit dem Pronomen se bzw. s' angegeben. In diesen Fällen werden die zusammengesetzten Formen stets mit être gebildet.

Verwendete Abkürzungen:

⊖ = fehlt	fut. = futur simple	p.p. = participe passé
qc = quelque chose *(etwas)*	imp. = imparfait	p.p. inv. = participe passé invariable *(unveränderliches Partizip)*
qn = quelqu'un *(jemand)*	subj. = subjonctif	
cond. = conditionnel	prés. = présent	p.s. = passé simple

A

abattre (s'... sur) *(nieder-schlagen, töten, fallen)* .. 24
abolir *(abschaffen, außer Kraft setzen)* 17
aboutir *p.p. inv. (führen zu)* 17
aboyer *(bellen, brüllen)* 15
abréger *(ver-, abkürzen)* .... 7 + 12
abroger *(abschaffen, aufheben)* 7
abrutir *(verdummen)* 17
absoudre *(lossprechen)* ... 18
abstenir (s'... de) *(verzichten auf)* 71
abstraire *(abstrahieren)* .. 68
abuser *(missbrauchen, übertreiben)* 3
accéder *(gelangen zu)* 12
accélérer *(beschleunigen)* 12
accomplir *(vollenden, ausführen)* 17
accourir* *(herbeilaufen)* .. 30
accroître *(vergrößern)* 19
accroupir (s') *(in die Hocke gehen)* 17
accueillir *(empfangen)* ... 35
acérer *(schärfen)* 12
acheter *(kaufen)* 11
achever *(vollenden)* 11
acquérir *(erwerben)* 20
acquiescer *(zustimmen)* .. 6
adhérer *p.p. inv. (haften)* . 12
adjoindre *(hinzufügen)* .. 45
adjuger *(zusprechen, -erkennen)* 7
admettre *(anerkennen)* .. 47
adoucir *(versüßen)* 17
advenir* *(geschehen)* 71
aérer (s') *(lüften, an die frische Luft gehen)* 12
affaiblir (s') *(schwächen, schwächer werden)* 17
affermir *(festigen)* 17
afficher *(aufhängen, anzeigen)* 3
affilier à (s'... à) *(angliedern, sich anschließen)* 4
affirmer *(behaupten)* 3
affliger (s'... de) *(betrüben, bekümmern)* .. 7
affranchir *(freimachen, befreien)* 17
affréter *(mieten)* 12
agacer *(necken, reizen)* 6
agencer *(anordnen, einrichten)* 6

agenouiller (s') *(knien, sich hinknien)* 3
agglomérer *(zusammendrängen, häufen)* 12
agir (s'agir de: *p.p. inv.*) *(handeln, tätig sein)* 17
agiter *(schütteln, bewegen)* 3
agrandir (s') *(vergrößern, sich vergrößern)* 17
agréer *(bewilligen, annehmen, stattgeben)* .. 5
aguerrir *(abhärten)* 17
ahurir *(verblüffen)* 17
aigrir *(sauer werden)* 17
aiguiser *(schärfen, anregen)* 3
aimer *(mögen, lieben)* 3
ajouter *(hinzufügen)* 3
aliéner *(veräußern)* 12
allécher *(anlocken)* 12
alléger *(erleichtern)* .. 7 + 12
alléguer *(behaupten)* 12
aller* *(gehen)*............... 21
allier* qc à/avec qc *(vereinigen, verbinden, sich verbinden)* 4
allonger (s') *(verlängern, länger werden)* 7
allumer *(anzünden, einschalten)* 3
alourdir *(schwer, -er machen)* 17
altérer *(beeinträchtigen, verändern)* 12
alunir* *(auf dem Mond landen)* 17
amaigrir *(abmagern)* 17
aménager *(einrichten)* 7
amener *(mitbringen, -führen)* 11
amerrir* *p.p. inv.* *(wassern)* 17
amincir *(dünner machen)* 17
amnistier *(begnadigen)* ... 4
amoindrir *(vermindern)* .. 17
amollir *(weich machen)* ... 17
amonceler (s') *(aufhäufen, -türmen, sich türmen)* 8
amorcer *(scharf machen, ködern)* 6
amortir *(abschwächen)* ... 17
amplifier *(vergrößern, verstärken)* 4
amuser (s') *(unterhalten, amüsieren, sich amüsieren)* 3
anéantir *(vernichten)* 17
anémier *(blutarm werden lassen)* 4
anesthésier *(betäuben)* ... 4
animer (s') *(leiten, beleben, sich beleben)* ... 3
annoncer *(ankündigen)* 6
anoblir *(adeln)* 17
apaiser (s') *(beruhigen, nachlassen)* 3
apercevoir (s'... de) *(bemerken, wahrnehmen)* 60
apitoyer (s'... sur) *(Mitleid erregen, bemitleiden)* 15
aplanir *(einebnen)* 17
aplatir *(abflachen)* 17
apparaître* *(erscheinen, auftreten)* 28
apparier *(paaren)* 4
appartenir *(gehören, zustehen)* 71
appauvrir (s') *(arm machen, verarmen)* 17
appeler *(rufen)* 8
appesantir (s'... sur) *(schwerfällig machen, werden)* 17
applaudir qn *(jdm. Beifall klatschen)* 17
appliquer *(anwenden)* 3
apprécier *(wert-, schätzen)* 4
apprendre *(lernen)* 58
approcher (s'... de) *(näher kommen, sich nähern)* 3
approfondir *(vertiefen)* ... 17
approprier (s') *(anpassen, sich anpassen)* 4
approuver *(bejahen, zustimmen)* 3
appuyer *(drücken)* 14
argenter *(versilbern)* 3
armer *(bewaffnen)* 3
arracher *(aus-, abreißen)* .. 3
arranger *(anordnen, einrichten)* 7
arrêter (s') *(aufhören, stehen bleiben)* 3
arriver *(ankommen)* 3
arroger* (s') *(anmaßen, sich anmaßen)* 7
arrondir *(abrunden)* 17
arroser *(gießen, feiern)* 3
asperger (s') *(besprengen, benetzen, sich benetzen)* 7
asphyxier *(die Luft abschnüren)* 4
assagir *(ruhiger machen)* 17
assaillir *(angreifen)* 22
assainir *(gesund machen)* 17
assassiner *(ermorden)* 3
assécher *(trocknen)* 12
assembler *(zusammensetzen, -stellen)* 3
assener *(einen Schlag versetzen)* 11
asséner *(siehe assener)* .. 12
asseoir (s'...) *(setzen, sich setzen)* 23
asservir *(unterdrücken)* ... 17
assiéger *(belagern)* .. 7 + 12
assister (qn/à qc) *(helfen, dabei sein)* 3
associer *(verbinden)* 4
assombrir *(verdunkeln, missmutig machen)* 17
assortir *(zusammenstellen)* 17
assoupir (s') *(einschläfern, eindösen)* 17
assouplir *(geschmeidig machen)* 17
assourdir *(betäuben)* 17
assouvir *((Hunger, Durst) stillen)* 17
assujettir *(unterwerfen)* .. 17
assurer *(versichern)* 3
astreindre *(nötigen, zwingen)* 53

atrophier (s') *(schwächen, schwinden)* 4
attacher *(anbinden, befestigen)* 3
attaquer *(angreifen)* 3
atteindre *(erreichen, treffen)* 53
atteler *(anspannen, anschirren)* 8
attendre (s'... à) *(er-, warten)* 61
attendrir *(weich machen)* 17
atterrir* *p.p. inv. (landen)* 17
attirer *(anziehen)* 3
attraper *(fangen)* 3
attribuer *(geben, verteilen)* 3
attrister *(traurig machen)* 3
augmenter *(erhöhen, steigern)* 3
authentifier *(beglaubigen)* 4
autofinancer (s') *((sich) mit eigenen Mitteln finanzieren)* 6
autopsier *(eine Leiche öffnen)* 4
autoriser *(erlauben)* 3
avaler *(schlucken)* 3
avancer (s') *(vorrücken, vorankommen)* 6
avantager *(bevorzugen, begünstigen)* 7
avarier *(beschädigen)* 4
avérer (s') *((sich) als wahr herausstellen)* 12
avertir *(warnen, benachrichtigen)* 17
aviser *(benachrichtigen)* 3
avoir *(haben)* 1
avouer *(gestehen, zugeben)* 3

B

baigner (se) *(baden)* 3
bâiller *(gähnen)* 3
baiser *(küssen)* 3
baisser (se) *(senken, vermindern, sich bücken)* 3
balancer (se) *(schwanken, schaukeln)* 6
balayer *(kehren)* 13
balbutier *(stammeln, stottern)* 4
bannir *(ver-, bannen)* 17
banqueter *(schlemmen)* 9
barrer *(streichen, versperren)* 3
bâtir *(bauen)* 17
battre (se) *(schlagen, kämpfen)* 24
bavarder *(schwätzen)* 3
béatifier *(selig sprechen)* 4
becqueter *(aufpicken)* 9
bégayer *(stottern, stammeln)* 13
bégueter *(meckern)* 11
bénéficier *p.p. inv. (profitieren)* 4
bénir *(segnen, ein-, weihen)* 17
bercer *(wiegen)* 6
bêtifier *p.p. inv. (dumm daherreden)* 4
blanchir *(weiß werden)* 17
blasphémer *(lästern, fluchen)* 12
blêmir *(erblassen)* 17
blesser (se) *(verletzen, sich verletzen)* 3
bleuir *(blau werden)* 17
blondir *(blond werden/ färben)* 17
blottir (se) *(ducken, (sich) niedersetzen)* 17
boire *(trinken)* 25
bondir *(hüpfen, aufspringen)* 17
bonifier (se) *(verbessern, sich verbessern)* 4
bosseler *(verbeulen)* 8
boucher (se) *(stopfen, verstopfen)* 3
bouder *(schmollen)* 3
bouger *(sich bewegen)* 7
bouillir *(kochen)* 26
bouleverser *(durcheinander bringen, tief bewegen)* 3
bourreler *(quälen, Gewissensbisse verursachen)* 8
braire *(iahen, schreien)* 68
brandir *((Schwert) schwingen)* 17
breveter *(patentieren)* 9
briller *(glänzen)* 3
briser (se) *(zer-, brechen)* 3
broder *(sticken)* 3
brosser *(bürsten)* 3
brouter *(grasen)* 3
broyer *(zer-, reiben, vernichten)* 15
bruire *(rauschen, brausen)* déf.
brûler (se) *(ver-, brennen, sich verbrennen)* 3
brunir *p.p. inv. (braun färben, nachdunkeln)* 17

C

cacher (se) *(verstecken, verheimlichen, sich verstecken)* 3
cacheter *(ver-, siegeln)* 9
calculer *(aus-, rechnen)* 3
calmer (se) *(beruhigen, sich beruhigen)* 3
calomnier *(verleumden)* 4
camper *(zelten)* 3
caqueter *(gackern, schnattern)* 9
caresser *(streicheln)* 3
carreler *(mit Fliesen auslegen)* 8
cartographier *(kartographieren)* 4
casser (se) *(zerbrechen, kaputtmachen, -gehen)* 3
causer *(verursachen)* 3
céder *(abgeben, überlassen)* 12
ceindre *(umschnallen)* 53
célébrer *(feiern, rühmen)* 12
celer *(verhehlen, verheimlichen)* 10
certifier *(bescheinigen, beglaubigen)* 4
cesser *(aufhören)* 3
chanceler *p.p. inv. (wanken, schwanken)* 8
changer* (se) *(ver-, ändern, sich verändern, sich umziehen)* 7

chanter *(singen)* 3
charger (se ... de) *(beladen, belasten, übernehmen)* 7
charmer *(bezaubern, erfreuen)* 3
charrier *(transportieren)* ... 4
charroyer *(transportieren)* 15
chasser *(jagen, vertreiben)* 3
chatoyer *p.p. inv.* *(schillern)* 15
chauffer (se) *(erhitzen, wärmen, sich aufwärmen)* 3
chausser (se) *((Schuhe) anziehen)* 3
chercher *(suchen)* 3
chérir *(zärtlich lieben)* 17
chier *(scheißen, kacken (vulg.))* 4
choir *(fallen, im Stich lassen)* .... déf.
choisir *(aus-, wählen)* 17
chorégraphier *(ein Ballett inszenieren)* 4
choyer *(sorgsam pflegen)* 15
chronométrer *(Zeit stoppen)* 12
circoncire *p.p.*: circoncis *(beschneiden)* 66
circonscrire *(beschränken)* 39
circonvenir *(überlisten, hintergehen)* 71
cirer *(wachsen, polieren))* . 3
ciseler *(ziselieren)* 10
citer *(zitieren, erwähnen)* .. 3
claquer *(knallen)* 3
clarifier *(ab-, klären)* 4
classifier *(klassifizieren)* ... 4
cliqueter *p.p. inv.* *(klirren)* 9
clocher *(hinken, nicht stimmen)* 3
clore *(schließen, beenden)* .... déf.
clouer *(annageln)* 3
codifier *(kodifizieren)* 4
cogérer *(gemeinsam verwalten)* 12
coiffer (se) *(frisieren, kämmen, sich frisieren)* ... 3
coincer (se) *(verkeilen, sich verklemmen)* 6
coller (se ... à / contre) *(an-, kleben, sich anschmiegen)* 3
colleter *(beim Kragen packen)* 9
colorier *(ausmalen, färben)* 4
combattre *(be-, kämpfen)* 24
combiner *(kombinieren)* ... 3
combler *(auffüllen, ausgleichen, glücklich machen)* 3
commander *(befehlen)* 3
commencer *(anfangen)* ... 6
commercer *p.p. inv.* *(Handel treiben)* 6
commettre *(begehen, verüben)* 47
communier *(das Abendmahl reichen)* 4
communiquer *(kommunizieren, mitteilen)* 3
comparaître *p.p. inv.* *((vor Gericht) erscheinen)* 28
comparer *(vergleichen)* 3
compatir à *p.p. inv.* *(mitfühlen)* 17
complaire (se) *(gefällig sein, Gefallen finden)* ... 54
compléter *(vervollständigen)* 12
composer (se ... de) *(zusammenstellen, komponieren, bestehen aus)* 3
comprendre *(verstehen)* . 58
compromettre *(bloßstellen)* 47
compter *(rechnen, zählen)* 3
concéder *(zugestehen)* ... 12
concevoir *(begreifen, verstehen)* 60
concilier (se) *(aussöhnen, ausgleichen, sich versöhnen)* 4
conclure *(abschließen, folgern)* 40
concourir à *p.p. inv.* *(beitragen zu)* 30
condamner *(verurteilen)* .. 3
condescendre à *(sich herablassen zu)* 61
conduire *(führen, fahren)* 27
conférer *(beraten, verleihen)* 12
confesser *(beichten)* 3
confier *(an-, vertrauen)* 4
confirmer (se) *(bestätigen, sich bewahrheiten)* 3
confondre *(verwechseln, vermischen)* 61
congédier *(entlassen, kündigen)* 4
congeler *(einfrieren)* 10
conglomérer *(zusammenballen)* 12
conjoindre *(verbinden)* .. 45
connaître *(kennen, wissen)* 28
conquérir *(erobern)* 20
consacrer (se ... à) *(widmen, sich widmen)* ... 3
conseiller *(raten, empfehlen)* 3
consentir *(zustimmen, einwilligen)* 52
conserver *(aufbewahren)* . 3
considérer *(betrachten, beachten)* 12
consister en *(bestehen in/aus)* 3
consoler (se) *(trösten, sich trösten)* 3
construire *(bauen, errichten)* 27
consulter (se) *(besuchen, nachlesen, sich beraten)* . 3
contenir *(enthalten, umfassen)* 71
contenter (se ... de) *(zufrieden stellen, sich zufrieden geben)* 3
conter *(erzählen)* 3
continuer *(weitermachen, weiterführen)* 3

contraindre *(zwingen)* ... 32
contrarier *(widersprechen, behindern)* ... 4
contredire qn/qc *prés.:* (vous) contredisez *(widersprechen)* ... 37
contrefaire *(nachahmen, verstellen)* ... 41
contrevenir à *p.p. inv. (zuwiderhandeln)* ... 7
contribuer à *(beitragen)* ... 3
convaincre *(überzeugen)* 69
convenir* de *(vereinbaren)* ... 71
converger *p.p. inv. ((in einem Punkt) zusammenlaufen)* ... 7
convertir *(bekehren)* ... 17
convier *(einladen, veranlassen)* ... 4
convoyer *(begleiten, eskortieren)* ... 15
coopérer à *p.p. inv. (mitwirken, mithelfen)* ... 12
copier *(abschreiben, kopieren)* ... 4
corréler *(in Beziehung zueinander setzen)* ... 12
correspondre *(übereinstimmen)* ... 61
corriger *(verbessern, korrigieren)* ... 7
corrompre *(verderben, verschlechtern)* ... 63
corseter *(mit einem Korsett versehen)* ... 11
côtoyer *(entlanggehen, -fahren)* ... 15
coucher (se) *(schlafen, ins Bett bringen, gehen, sich hinlegen)* ... 3
coudoyer *(mit dem Ellenbogen stoßen)* ... 15
coudre *(nähen)* ... 29
couler *(fließen)* ... 3
couper (se) *(schneiden, sich schneiden)* ... 3
courber *(beugen)* ... 3
courir *(laufen, rennen)* ... 30
couronner *(krönen)* ... 3
courroucer *(erzürnen)* ... 6
coûter *(kosten)* ... 3
couvrir (se) *(ab-, zu-, decken, sich anziehen)* ... 31
cracher *(spucken)* ... 3
craindre *(be-, fürchten)* ... 32
craqueler *(rissig machen)* ... 8
craquer *(knacken)* ... 3
craqueter *p.p. inv. (knacken, knarren)* ... 9
créer *(er-, schaffen)* ... 5
créneler *(auszacken, -kerben)* ... 8
creuser *(graben, ausbaggern)* ... 3
crever* *(auf-, platzen, sterben)* ... 11
crier *p.p. inv. (schreien, rufen)* ... 4
crocheter *(mit einem Dietrich öffnen)* ... 11
croire qn *(glauben)* ... 33
croiser (se) *(kreuzen, sich begegnen)* ... 3
croître *p.p. inv. (wachsen)* 34
croquer *(knabbern, knacken, ab-, beißen)* ... 3
croupir* *(faulig werden)* ... 17
crucifier *(kreuzigen)* ... 4
cueillir *(pflücken, ernten)* 35
cuire *(kochen)* ... 27
cultiver *(anbauen)* ... 3

D

dactylographier *(mit der Schreibmaschine schreiben)* ... 4
daigner *(es für nötig halten)* ... 3
danser *(tanzen)* ... 3
débarquer *(an Land gehen)* ... 3
débarrasser (se ... de) *(frei machen, abräumen, sich befreien)* ... 3
débattre *(diskutieren, debattieren)* ... 24
déblatérer *p.p. inv. (wettern)* ... 12
déblayer *(aufräumen, freilegen)* ... 13
déborder *(überlaufen)* ... 3
déboucher *(münden, entkorken)* ... 3
débrayer *p.p. inv. (auskuppeln)* ... 13
décacheter *(entsiegeln)* ... 9
décalcifier *(entkalken)* ... 4
décéder* *(verenden, sterben)* ... 12
déceler *(entdecken, enthüllen)* ... 10
décélérer *p.p. inv. (verlangsamen)* ... 12
décevoir *(enttäuschen)* ... 60
décharger *(ausladen)* ... 7
déchiqueter *(zerstückeln, zerschneiden)* ... 9
déchirer *(zerreißen)* ... 3
déchoir* *(verfallen, tief sinken)* ... déf.
décider (se) *(entscheiden, sich entschließen)* ... 3
déclarer *(erklären)* ... 3
déclore *wie* clore, *nur p.p. (öffnen, die Umzäunung entfernen)* ... déf.
décolérer *p.p. inv. (sich beruhigen)* ... 12
décongeler *(auftauen)* ... 10
déconsidérer *(in Miss-kredit / Verruf bringen)* ... 12
décontenancer *(außer Fassung bringen)* ... 6
décorer *(dekorieren, schmücken)* ... 3
découdre *(auftrennen)* ... 29
découper *((auseinander) schneiden)* ... 3
décourager *(entmutigen)* ... 7
découvrir *(entdecken, enthüllen)* ... 31
décrépir *(den Putz abkratzen)* ... 17
décréter *(verordnen, verfügen)* ... 12
décrier *(in Verruf bringen)* 4
décrire *(beschreiben)* ... 39
décroître* *p.p. inv. (abnehmen, kürzer werden)* ... 19
dédicacer *((Buch) widmen)* ... 6

dédier *(weihen, widmen)* 4
dédire (se), *prés.:* (vous vous) dédisez *(das Gesagte zurücknehmen)* 37
dédommager *(entschädigen)* 7
déduire *(ableiten, folgern)* 27
défaillir *p.p. inv. (in Ohnmacht fallen, schwächer werden)* 22
défaire *(aufmachen)* 41
défendre *(verteidigen)* 61
déférer à *(zuerkennen, beipflichten)* 12
déficeler *(aufschnüren)* 8
défier *(herausfordern, trotzen)* 4
définir *(definieren)* 17
défleurir *(verwelken, -blühen)* 17
défoncer *(einschlagen, beschädigen)* 6
défrayer *(freihalten, den Unterhalt bestreiten)* 13
défroncer *(glatt ziehen)* 6
dégager *(losmachen, befreien)* 7
dégarnir *(wegräumen, entblößen)* 17
dégeler* *(auf-, tauen)* 10
dégénérer* *p.p. inv. (entarten)* 12
déglutir *(ver-, schlucken)* 17
dégorger *(sich entleeren, reinigen)* 7
dégourdir *(wieder beweglich machen)* 17
dégoûter *(ekeln)* 3
dégrever *(steuerlich entlasten)* 11
dégrossir *(grob bearbeiten)* 17
déguerpir *p.p. inv. (sich aus dem Staub machen)* 17
déguiser (se ... en) *(verkleiden, sich verkleiden als)* 3
déifier *(zum Gott erheben)* 4
déjeter *(verformen, umknicken)* 9
déjeuner *(zu Mittag essen)* 3
délayer *(verdünnen, auflösen)* 13
déléguer *(delegieren, übertragen)* 12
délibérer *p.p. inv. (beraten)* 12
délier *(auf-, entbinden)* 4
délivrer *(befreien)* 3
déloger *(aus-, umziehen)* 7
demander *(fragen)* 3
démanger *(jucken)* 7
démanteler *(zerstören)* 10
déménager* *p.p. inv. (aus-, umziehen)* 7
démener (se) *(herumtoben)* 11
démentir *(widersprechen, widerlegen)* 52
démettre *(aus-, verrenken)* 47
demeurer *(bleiben)* 3
démolir *(zerstören)* 17
démordre de *p.p. inv. (beharren auf)* 61
démunir *(wegnehmen, mittellos machen)* 17
dénazifier *(entnazifizieren)* 4
dénier *(abstreiten, leugnen)* 4
déniveler *(uneben machen)* 8
dénoncer *(anzeigen, denunzieren)* 6
départager *(den Ausschlag geben)* 7
départir (se ... de) *(zuweisen, aufgeben)* 52
dépasser *(überholen, überragen)* 3
dépecer *(zerstückeln)* 6 + 11
dépêcher (se) *(sich beeilen)* 3
dépeindre *(schildern, darstellen)* 53
dépendre de *(abhängen von)* 61
dépenser *(ausgeben)* 3
dépérir *p.p. inv. (schwächer werden, verkümmern)* 17
déplacer *(versetzen, umstellen)* 6
déplaire *(missfallen)* 54
déplier *(auseinander falten)* 4
déployer *(ausbreiten, entfalten)* 15
dépolir *(abschleifen)* 17
déposer *(abstellen, stellen)* 3
déposséder *(enteignen)* 12
dépouiller *(abziehen, durchsehen)* 3
dépoussiérer *(entstauben)* 12
déprécier *(herabsetzen, an Wert mindern)* 4
déprendre (se ... de) *(sich losmachen von)* 58
dépuceler *(entjungfern)* 8
déranger *(stören)* 7
dérégler (se) *(in Unordnung bringen, schlecht funktionieren)* 12
dérober *(stehlen, rauben)* 3
déroger à *p.p. inv. (zuwiderhandeln)* 7
dérouler (se) *(ab-, ausrollen, sich ereignen, passieren)* 3
désagréger *(zersetzen, auflösen)* 7 + 12
désaltérer (se) *(den/seinen Durst löschen)* 12
désamorcer *(entschärfen)* 6
désapprendre *(verlernen)* 58
désavantager *(benachteiligen)* 7
descendre* *(hinuntergehen, -fahren, aussteigen)* 61
désensorceler *(entzaubern)* 8
désespérer *(verzweifeln)* 12
déshabiller (se) *((sich) ausziehen)* 3
désigner *(bezeichnen)* 3
désintégrer *(spalten, zersetzen)* 12
désirer *(wünschen)* 3

désobéir *p.p. inv., passif: elle a été désobéie (nicht gehorchen)* 17
désoler *(leidtun)* 3
dessécher *(aus-, trocknen, abmagern)* 12
desservir *((Tisch) abdecken, regelmäßig (an)fahren)* 65
dessiner *(zeichnen, malen)* 3
destituer *(absetzen, entheben)* 3
désunir *(entzweien, trennen)* 17
détacher (se) *((sich) lösen, losreißen, Flecken entfernen aus)* 3
déteindre *(entfärben)* 53
dételer *(ab-, ausspannen)* 8
détendre (se) *(entspannen, sich entspannen)* 61
détenir *(festhalten, besitzen)* 71
déterminer *(bestimmen)* ..3
détester *(hassen, verabscheuen)* 3
détordre *(auf-, auseinander drehen)* 61
détourner *(umleiten, entführen, unterschlagen)* 3
détruire *(zerstören)* 27
devancer qn/qc *(zuvorkommen, übertreffen)* 6
développer *(entwickeln)* ...3
devenir* *(werden)* 71
dévêtir (se) *(ausziehen, sich entkleiden)* 72
dévier *(abweichen, -lenken)* 4
deviner *(er-, raten)* 3
dévisager *(anstarren)* 7
devoir *(müssen)* 36
dévorer *(verschlingen)* 3
dévouer (se) *(widmen, sich aufopfern)* 3
dévoyer *(vom Weg abbringen)* 15
dicter *(diktieren)* 3
différencier *(unterscheiden)* 4
différer *(abweichen)* 12
digérer *(verdauen)* 12
diminuer *(nachlassen, vermindern, reduzieren)* ..3
dîner *(zu Abend essen)* 3
dire *(sagen)* 37
diriger *(führen, leiten)* 7
disconvenir* de *p.p. inv. (nicht zugeben)* 71
discourir *(lange Reden halten)* 30
discuter *(diskutieren, besprechen)* 3
disgracier *(in Ungnade bringen)* 4
disjoindre *(auseinander nehmen)* 45
disparaître* *(verschwinden, sterben)* 28
disperser *(verstreuen)* 3
disposer (de) *(anordnen, verfügen (über))* 3
disputer (se) *(streitig machen, sich streiten)* 3
disqualifier *(disqualifizieren)* 4
disséquer *(sezieren)* 12
dissiper *(vergeuden, verschwenden)* 3
dissocier *(trennen, lösen, spalten)* 4
dissoudre (se) *((sich) auflösen)* 18
distancer *(distanzieren, abschütteln)* 6
distancier *(verfremden)* ...4
distendre *(stark ausdehnen)* 61
distinguer *(unterscheiden)*. 3
distraire (se) *(abziehen, beiseite schaffen, sich zerstreuen)* 68
diverger *(abweichen)* 7
diversifier *(abwechslungsreich gestalten)* 4
divertir (se) *(unterhalten, ablenken, sich amüsieren)* 17
diviser *(teilen)* 3
divorcer* *p.p. inv. (sich scheiden lassen)* 6
domicilier *(ansiedeln)* 4
dominer *(dominieren, überragen)* 3
donner *(geben)* 3
dorer *(vergolden)* 3
dormir *p.p. inv. (schlafen)* 38
doubler *(verdoppeln, überholen)* 3
douter de (se) *(zweifeln an, vermuten)* 3
dresser (se) *(aufstellen, errichten, sich erheben)* ..3
durcir *(hart machen, werden)* 17
durer *(dauern)* 3

E

ébattre* (s') *(herumtollen)* 24
éblouir *(blenden, betören)* 17
ébranler (s') *(erschüttern, sich in Bewegung setzen)* 3
écarteler *(vierteilen)* 10
écarter *(spreizen, entfernen)* 3
écerveler *(gedankenlos, leichtsinnig handeln)* 8
échanger *(austauschen)* ...7
échapper (s') *(entkommen, ausbrechen)* 3
écheveler *((Haar) zerzausen)* 8
échoir *(ablaufen, fällig werden)* .... déf.
échouer *(scheitern)* 3
éclaircir *(aufhellen)* 17
éclairer *(beleuchten, aufklären)* 3
éclater *(zerspringen, platzen, knallen)* 3
éclore* *(aufblühen, ausschlüpfen)* .... déf.
éconduire *(abweisen)* 27

écorcer *(entrinden, abschälen)* ... 6
écouler (s') *(verkaufen, abfließen)* ... 3
écouter *(zu-, hören)* ... 3
écraser *(zerdrücken, zermalmen)* ... 3
écrémer *(absahnen)* ... 12
écrier (s') *(schreien, ausrufen)* ... 4
écrire *(schreiben)* ... 39
édifier *(erbauen, aufrichten)* ... 4
effacer (s') *(aus-, löschen, verblassen)* ... 6
effectuer *(ausführen)* ... 3
efforcer (s'... de) *(sich bemühen)* ... 6
effranger (s') *(ausfransen)* 7
effrayer (s'... de) *((sich) erschrecken)* ... 13
égarer (s') *(verlegen, verirren)* ... 3
égayer *(aufheitern, ermuntern)* ... 13
égorger *(die Kehle durchschneiden)* ... 7
égrener *(entkernen)* ... 11
élancer (s') *(sich stürzen)* 6
élargir *(vergrößern, -breitern)* ... 17
électrifier *(elektrifizieren)* . 4
élever *(erheben, steigern, aufziehen)* ... 11
élire *(wählen)* ... 46
éloigner (s') *(fern halten, abhalten, sich entfernen)* . 3
embellir* (s') *(schöner werden)* ... 17
emboutir *(eindrücken, -beulen)* ... 17
embrasser *(küssen)* ... 3
embrayer *(einkuppeln, schalten)* ... 13
émécher *(beschwipst machen)* ... 12
émerger *p.p. inv.* *(auftauchen)* ... 7
émettre *(ausstrahlen, ausgeben)* ... 47
émigrer *(auswandern)* ... 3
émincer *(in dünne Scheiben schneiden)* ... 6
emménager *((in eine Wohnung) einziehen)* ... 7
emmener *(mitnehmen)* ... 11
émoudre *(schleifen, schärfen)* ... 48
émouvoir (s'... de) *p.p.:* ému *(bewegen, sich aufregen)* ... 50
empaqueter *(verpacken)* .. 9
emparer (s'... de) *(sich schnappen)* ... 3
empiéter sur *(sich erstrecken auf)* ... 12
emplir *(anfüllen, voll laufen)* ... 17
employer *(gebrauchen, beschäftigen)* ... 15
emporter *(mitnehmen)* ... 3
empreindre (s'... de) *(ein-, aufdrücken, geprägt sein von)* ... 53
empresser (s') *(sich beeilen)* ... 3
emprunter *(ausleihen, sich leihen)* ... 3
émulsifier *(emulgieren)* ... 4
encadrer *(einrahmen, betreuen)* ... 3
enceindre *(um-, einschließen)* ... 53
enchérir sur *(überbieten)* 17
enclore *wie* clore, *prés.:* il enclot *(umzäunen, umgeben)* ... déf.
encourager *(ermutigen)* ... 7
encourir *(sich zuziehen)* . 30
endommager *(beschädigen)* ... 7
endormir (s') *(einschläfern, einschlafen)* ... 38
enduire (s') *(bestreichen, (sich) einreiben)* ... 27
endurcir (s') *(abhärten, hart werden)* ... 17
énerver (s') *(auf die Nerven gehen, sich aufregen)* ... 3
enfermer *(einschließen)* ... 3
enfoncer (s') *(sinken, sich versenken, eindringen)* ... 6
enfouir (s') *(vergraben, verstecken, sich verkriechen)* ... 17
enfreindre *(zuwiderhandeln)* ... 53
enfuir (s') *(flüchten)* ... 43
engager (s') *(verpflichten, sich verpflichten)* ... 7
engloutir *(verschlingen)* .. 17
engorger *(verstopfen)* ... 7
engourdir (s') *(klamm machen, einschlafen)* ... 17
enhardir (s') *(ermutigen, mutiger werden)* ... 17
enjoindre *(anweisen, befehlen)* ... 45
enlacer *(verflechten)* ... 6
enlaidir *(hässlich werden, verunstalten)* ... 17
enlever *(mitnehmen, entfernen)* ... 11
ennoblir *(adeln, auszeichnen)* ... 17
ennuyer *(langweilen, stören, sich langweiligen)* ... 14
énoncer *(aussprechen, ausdrücken)* ... 6
enorgueillir (s'... de) *(stolz sein auf)* ... 17
enquérir (s'... de) *(sich erkundigen nach)* . 20
enrager *p.p. inv.* *(wütend werden)* ... 7
enrayer *(bremsen)* ... 13
enregistrer *(aufnehmen, speichern)* ... 3
enrichir (s') *(reich(er) machen, sich bereichern)* 17
enseigner *(unterrichten, be-, lehren)* ... 3
ensemencer *(aussäen)* ... 6
ensevelir *(begraben, verschütten)* ... 17
ensorceler *(bezaubern, verhexen)* ... 8
ensuivre (s') *(sich ergeben)* ... déf.

entendre (s') *(hören, (sich) verstehen, sich einigen)* ... 61
enterrer *(beerdigen)* ... 3
entourer *(umgeben)* ... 3
entrapercevoir *(flüchtig wahrnehmen)* ... 60
entrelacer (s') *(ineinander schlingen, sich verschlingen)* ... 6
entremettre (s') *(vermittelnd eingreifen)* 47
entreprendre *(unternehmen)* ... 58
entrer *(eintreten, eingeben)** ... 3
entretenir (s'... de) *(erhalten, sich unterhalten)* ... 71
entrevoir *(flüchtig sehen, ahnen)* ... 74
entrouvrir *(halb öffnen)* .. 31
énumérer *(aufzählen)* ... 12
envahir *(überfallen)* ... 17
envelopper *(einpacken, umwickeln)* ... 3
envier *(beneiden)* ... 4
envisager *(betrachten, ins Auge fassen)* ... 7
envoyer *(schicken)* ... 16
épaissir *(dicker werden, verstärken)* ... 17
épandre *(aus-, streuen)* ... 61
épanouir (s') *(ausbreiten, aufblühen, sich entfalten)* ... 17
épargner *(sparen, schonen)* ... 3
épeler *(buchstabieren)* ... 8
épicer *(würzen)* ... 6
épier *(genau beobachten)* . 4
éponger *(ab-, aufwischen)* 7
épouser *(heiraten)* ... 3
épousseter *(abstauben, ausklopfen)* ... 9
éprendre (s'... de qn) *(sich in jdn. verlieben)* .. 58
éprouver *(empfinden, anstrengen)* ... 3
épuiser (s') *(erschöpfen, zu Ende gehen)* ... 3
équivaloir à *p.p. inv.* *(entsprechen)* ... 70
ériger *(errichten)* ... 7
errer *(umherirren)* ... 3
espacer *(Platz lassen, auseinanderrücken)* ... 6
espérer *(hoffen, erwarten)* 12
essayer *(versuchen)* ... 13
essuyer *(abtrocknen, abwischen)* ... 14
estimer *(schätzen, mögen)* 3
estropier *(verstümmeln)* ... 4
établir (s') *(einrichten, sich niederlassen)* ... 17
étager *(stufenförmig anlegen)* ... 7
étaler *(ausbreiten)* ... 3
étayer *(ab-, stützen)* ... 13
éteindre (s') *(löschen, erlöschen)* ... 53
étendre (s') *(ausstrecken, (sich) ausbreiten)* ... 61
étinceler *p.p. inv.* *(funkeln, glitzern)* ... 8
étiqueter *(mit einem Etikett versehen)* ... 9
étonner (s'... de) *(erstaunen, sich wundern)* 3
étouffer (s') *(ersticken)* ... 3
étourdir *(betäuben)* ... 17
être *p.p. inv.* *(sein)* ... 2
étreindre *(in die Arme schließen)* ... 53
étudier *(studieren)* ... 4
évanouir (s') *(ohnmächtig werden)* ... 17
éveiller (s') *(erregen, wecken, erwachen)* ... 3
évincer *(enteignen)* ... 6
éviter *(vermeiden)* ... 3
évoluer *(sich entwickeln)* .. 3
exagérer *(übertreiben)* ... 12
examiner *(untersuchen)* ... 3
exaspérer *(aus der Fassung bringen)* ... 12
exaucer *((Gebet) erhören)* 6
excéder *(überschreiten)* .. 12
exciter *(er-, aufregen)* ... 3
exclure *(ausschließen)* ... 40
excommunier *(exkommunizieren)* ... 4
excuser (s') *(entschuldigen, sich entschuldigen)* ... 3
exécuter *(aus-, durchführen, hinrichten)* . 3
exercer (s'... à) *(schulen, ausüben, üben)* ... 6
exiger *(fordern)* ... 7
exister *(leben, existieren)* .. 3
exonérer *((von Gebühren/ Steuern) befreien)* ... 12
expatrier (s') *(ausbürgern, auswandern)* ... 4
expédier *(versenden, rasch erledigen)* ... 4
expier *(sühnen)* ... 4
expirer* *(ablaufen)* ... 3
expliquer *(erklären)* ... 3
exposer *(ausstellen, darlegen)* ... 3
exprimer *(ausdrücken)* ... 3
exproprier *(enteignen)* ... 4
expurger *(zensieren)* ... 7
extasier (s'... devant/sur) *(in Ekstase geraten)* ... 4
extraire @ *p.s.*, @ *subj. imp.* *(herausziehen)* ... 68
exulcérer *(mit Geschwüren bedecken)* ... 12

F

fabriquer *(herstellen, bauen)* ... 3
fâcher *(verärgern, wütend machen)* ... 3
faiblir *p.p. inv.* *(schwächer werden)* ... 17
faillir *p.p. inv.* *(beinahe etw. tun)* ... déf.
faire *(machen)* ... 41
falloir *(müssen, sollen)* ... 42
falsifier *(verfälschen, panschen)* ... 4
farcir *(füllen, spicken)* ... 17
fatiguer *(ermüden, anstrengen)* ... 3
faucher *(mähen, erfassen, klauen)* ... 3
fédérer *(verbünden)* ... 12
feindre *(heucheln)* ... 53

féliciter *(gratulieren)* 3
fendre *(spalten)* 61
fermer *(schließen, zumachen)* 3
festoyer *p.p. inv.* *(schlemmen)* 15
feuilleter *(durchblättern)* .. 9
fiancer (se) *(sich verloben)* 6
ficeler *(zuschnüren)* 8
fier (se) *(ver-, trauen)* 4
figer *(fest werden lassen, erstarren lassen)* 7
fileter *(mit Gewinde versehen)* 11
financer *(finanzieren)* 6
finir *(beenden)* 17
fixer *(befestigen, festlegen)* 3
flamber *(brennen, flambieren)* 3
flamboyer *p.p. inv.* *(auf-, lodern, aufblitzen)* 15
flatter *(schmeicheln)* 3
fléchir *(nachgeben, biegen)* 17
flétrir (se) *(ver-, welken)* . 17
fleurir *(blühen)* 17
flotter *(schwimmen, schweben)* 3
foncer *(dunkler werden)* ... 6
fonder (se) *(gründen, sich stützen auf)* 3
fondre (se) *(ver-, schmelzen)* 61
forcer (se) *(anstrengen, sich anstrengen)* 6
forcir *(zunehmen)* 17
forger *(schmieden)* 7
former *(bilden)* 3
fortifier *(befestigen, verstärken)* 4
fossoyer *(ein Grab schaufeln)* 15
foudroyer *((Blitz) tödlich treffen)* 15
fouetter *(peitschen, schlagen)* 3
fouiller *(absuchen, graben)* 3
fouler (se ... qc) *(sich etw. verstauchen)* ... 3
fourbir *(polieren)* 17
fournir *(be-, liefern)* 17
fourrer *(stopfen, füllen)* 3
fourvoyer (se) *(sich verirren)* 15
fraîchir *p.p. inv.* *(auffrischen)* 17
franchir *(überschreiten)* .. 17
frapper *(schlagen, klopfen)* 3
frayer *(bahnen, laichen)* .. 13
frémir *p.p. inv.* *(erschauern zittern)* 17
fréquenter *(besuchen)* 3
fréter *(mieten, verchartern)* 12
frigorifier *(einfrieren)* 4
frire *(braten)* .... déf.
frissonner *(schaudern, frösteln)* 3
froncer *(runzeln)* 6
frotter *(reiben, einreiben)* .. 3
fructifier *(ertragreich sein, hervorbringen)* 4
fuir *(fliehen, flüchten)* 43
fumer *(rauchen)* 3
fureter *(herumschnüffeln)* 11
fuser *((hervor)sprudeln, sprühen)* 3
fusiller *(erschießen)* 3

G

gâcher *(verderben, vermasseln)* 3
gager *(verpfänden)* 7
gagner *(gewinnen, verdienen)* 3
galoper *(galoppieren)* 3
gamberger *(grübeln, nachdenken)* 7
gangrener *(brandig werden)* 11
gangréner *(siehe gangrener)* 12
garder *(hüten, behalten, aufbewahren)* 3
garnir *(schmücken, ausstatten)* 17
gaver *(stopfen)* 3
gazéifier *(vergasen, mit Kohlensäure versetzen)* 4
geindre *p.p. inv.* *(stöhnen, jammern)* 53
geler (se) *(frieren, zufrieren, gefrieren)* 10
gélifier (se) *(gelieren)* 4
gémir *p.p. inv.* *(stöhnen)* .. 17
gêner *(stören, behindern)* .. 3
générer *(erzeugen)* 12
gercer *(rissig werden)* 6
gérer *(führen, verwalten)* 12
gésir *(liegen, ruhen)* .... déf.
glacer *(erstarren, gefrieren lassen)* 6
glapir *p.p. inv.* *(bellen, kläffen)* 17
glisser *(gleiten, rutschen)* .. 3
glorifier *(verherrlichen)* 4
gonfler *(aufblasen, anschwellen)* 3
gorger *(überfüttern)* 7
goûter *(schmecken, probieren)* 3
gouverner *(regieren)* 3
gracier *(begnadigen)* 4
grandir* *(wachsen)* 17
gratifier *(zuteil werden lassen)* 4
gratter *(kratzen, jucken)* ... 3
graver *(einritzen, eingravieren)* 3
gravir *(erklimmen)* 17
gréer *(auftakeln)* 5
grelotter *((vor Kälte) zittern)* 3
grener *(körnen, zermahlen)* 11
grever *(belasten)* 11
grillager *(vergittern)* 7
griller *(grillen)* 3
grimacer *p.p. inv.* *(Grimassen schneiden)* ... 6
grimper *(klettern)* 3
grincer *p.p. inv.* *(knarren, quietschen)* 6
grogner *(grunzen, murren)* 3
grommeler *(murren)* 8
gronder *(aus-, schimpfen, donnern)* 3
grossir* *(zunehmen, vergrößern)* 17
grouper *(gruppieren)* 3
guérir *(genesen, heilen)* ... 17

guerroyer *p.p. inv.* *(Krieg führen)* 15
guetter *(auf-, belauern)* 3
guider *(führen, leiten)* 3

H

habiller (s') *(anziehen, sich anziehen)* 3
habiter *(wohnen)* 3
habituer (s'... à) *(gewöhnen, sich gewöhnen an)* 3
haïr *(hassen)* 44
haleter *p.p. inv.* *(keuchen, schnaufen)* 11
harceler *(bedrängen, beunruhigen)* 10
hâter (se) *(sich beeilen)* ... 3
hausser *(erhöhen, heben)* . 3
héberger *(beherbergen)* ... 7
héler *(herbeirufen)* 12
hennir *p.p. inv.* *(wiehern)* . 17
hériter de *(erben, beerben)* 3
hésiter *(zögern)* 3
heurter *(prallen, stoßen gegen)* 3
historier *(Figuren mit Ornamenten schmücken)* 4
honorer *(ehren, honorieren)* 3
hoqueter *p.p. inv.* *(Schluckauf haben, schluchzen)* 9
horrifier *(entsetzen)* 4
humidifier *(befeuchten)* ... 4
humilier *(demütigen)* 4
hurler *(schreien, heulen)* ... 3
hypertrophier *(sich vergrößern)* 4
hypothéquer *(mit einer Hypothek belasten)* 12

I

identifier *(identifizieren)* ... 4
ignorer *(nicht wissen, ignorieren)* 3
illuminer *(be-, erleuchten)* 3
imaginer (s') *(sich vorstellen, sich einbilden)* 3
imiter *(nachahmen, imitieren)* 3
immerger (s') *(eintauchen, untertauchen)* 7
immiscer (s') *(sich einmischen)* 6
implorer *(anflehen)* 3
importer *(importieren, wichtig sein)* 3
imposer (s') *(er-, fordern, durchsetzen, auferlegen, sich durchsetzen)* 3
imprégner (s'... de qc) *(durch-tränken, in sich aufnehmen)* 12
imprimer *(drucken, bedrucken)* 3
incarcérer *(inhaftieren)* ... 12
incendier *(anzünden)* 4
incinérer *(verbrennen, einäschern)* 12
incliner (s') *(beugen, neigen zu, sich verneigen)* 3
inclure *p.p.:* inclus *(einschließen)* 40
indiquer *(angeben, zeigen)* 3
induire *(treiben zu)* 27
inférer *(folgern, schließen)* 12
infléchir (s') *(brechen, (sich) biegen)* 17
infliger *((eine Strafe) auferlegen)* 7
influencer *(beeinflussen)* .. 6
informer *(informieren)* 3
ingénier (s'... à) *(mit allen Mitteln versuchen)* 4
ingérer (s') *(einnehmen, sich einmischen)* 12
initier (s'... à) *(einweihen, sich vertraut machen)* 4
injurier (s') *(beleidigen, sich beschimpfen)* 4
inonder *(überschwemmen)* 3
inquiéter (s') *(beunruhigen, sich Sorgen machen)* 12
inscrire (s') *(auf-, schreiben, anmelden, sich einschreiben)* 39
insérer (s') *(einfügen, sich integrieren)* 12
insister *(betonen, bestehen auf)* 3
inspirer *(inspirieren)* 3
installer (s') *(installieren, sich setzen, sich einrichten)* 3
instruire (s') *(unterrichten, sich Kenntnisse aneignen)* 27
insurger (s'... contre) *(sich auflehnen)* 7
intégrer (s') *(sich integrieren)* 12
intensifier *(intensivieren)* .. 4
intercéder *(sich einsetzen)* 12
interdire *prés.:* (vous) interdisez *(verbieten)* ... 37
intéresser (s'... à) *(interessieren, sich interessieren)* 3
interférer *p.p. inv.* *(sich gegenseitig schaden, sich überschneiden)* 12
interpréter *(interpretieren)* 12
interroger (s'... sur qc) *(befragen, verhören, sich fragen)* 7
interrompre (s') *(unterbrechen, innehalten)* 63
intervenir* *(eingreifen)* 71
intervertir *(tauschen)* 17
introduire (s') *(einführen, eindringen)* 27
inventer *(erfinden)* 3
inventorier *(inventarisieren)* 4
investir *(investieren)* 17
inviter *(einladen)* 3
invoquer *(anrufen, sich berufen auf)* 3
irradier *(ausstrahlen)* 4
irriter *(reizen, ärgern)* 3
isoler (s') *(isolieren, sich absondern)* 3

J

jaillir p.p. inv. *(emporschießen, -schlagen)* ... 17
jauger *(messen, einschätzen)* ... 7
jaunir *(gelb werden / färben)* ... 17
jeter *(werfen)* ... 9
joindre (se ... à) *(verbinden, sich anschließen)* ... 45
jouer *(spielen)* ... 3
jouir de p.p. inv. *(genießen)* ... 17
juger *(urteilen, entscheiden)* ... 7
jumeler *(zusammenfügen)* 8
jurer *(schwören, fluchen)* ... 3
justifier (se) *(rechtfertigen, bestätigen, sich rechtfertigen)* ... 4

L

labourer *((um)pflügen)* ... 3
lacer *(zu-, binden)* ... 6
lacérer *(zerreißen)* ... 12
lâcher *(loslassen)* ... 3
laisser *(lassen)* ... 3
lancer *(werfen)* ... 6
langer *((Baby) wickeln)* ... 7
languir (se ... de) *(schmachten lassen, sich sehnen nach)* ... 17
larmoyer p.p. inv. *(jammern)* ... 15
laver (se) *(waschen, sich waschen)* ... 3
lécher *(ab-, auslecken)* ... 12
légiférer p.p. inv. *(Gesetze erlassen)* ... 12
léguer *(vermachen, vererben)* ... 12
léser *(benachteiligen)* ... 12
lever (se) *(aufgehen, aufrichten, aufstehen)* ... 11
libérer (se ... de) *(frei lassen, befreien, sich frei machen)* ... 12
licencier *(entlassen)* ... 4
lier *(zusammen-, verbinden)* ... 4
limer *(feilen)* ... 3
limoger *(ausbooten)* ... 7
liquéfier *(verflüssigen)* ... 4
lire *(lesen)* ... 46
livrer *(liefern)* ... 3
loger *(wohnen, unterbringen)* ... 7
longer *(entlanggehen, -fahren)* ... 7
lotir *(parzellieren)* ... 17
louanger *(loben)* ... 7
loucher *(schielen)* ... 3
louer *(mieten, vermieten, loben)* ... 3
louvoyer p.p. inv. *(geschickt lavieren, (Segelboot) kreuzen)* ... 15
lubrifier *(schmieren, einölen)* ... 4
luire p.p. inv.: lui *(leuchten)* ... 27
lutter *(kämpfen)* ... 3

M

macérer *(eingelegt sein, einlegen)* ... 12
mâcher *(kauen)* ... 3
magnifier *(rühmen, preisen)* ... 4
maigrir* *(abnehmen)* ... 17
maintenir (se) *(halten, aufrechterhalten, fortbestehen)* ... 71
malmener *(schlecht behandeln)* ... 11
manger *(essen)* ... 7
manier *(handhaben)* ... 4
manifester (se) *(äußern, demonstrieren, auftreten)* 3
manigancer *(anzetteln, einfädeln)* ... 6
manquer *(verpassen, ver-, fehlen)* ... 3
marier (se ... avec) *(trauen, ver-, heiraten)* ... 4
marquer *(markieren, kennzeichnen, beeindrucken)* ... 3
marteler *(hämmern)* ... 10
mater *(an-, gaffen)* ... 3
maudire p.p.: maudit(e) *(verfluchen)* ... 17
maugréer *(fluchen, be-, schimpfen)* ... 5
méconnaître *(verkennen)* 28
médire prés.: (vous) médisez, p.p. inv. *(verleumden)* ... 37
méfier (se ... de) *(sich in Acht nehmen, misstrauen)* ... 4
mélanger *(ver-, mischen)* ... 7
mêler *(ver-, mischen)* ... 3
menacer qn de qc *(be-, drohen)* ... 6
ménager *(sparsam umgehen, schonen)* ... 7
mendier *(betteln)* ... 4
mener *(führen, bringen)* ... 11
mentir à qn p.p. inv. *(an-, lügen)* ... 52
méprendre (se ... sur) *(sich täuschen in)* ... 58
mépriser *(verachten)* ... 3
mériter *(verdienen, wert sein)* ... 3
mésallier (se) *(unter seinem Stand heiraten)* ... 4
mesurer *(messen)* ... 3
métrer *(ver-, abmessen)* ... 12
mettre *(setzen, stellen, legen)* ... 47
meurtrir *(zerquetschen)* ... 17
mincir *(dünn werden)* ... 17
mitiger *(mildern, mäßigen)* 7
modeler *(modellieren, formen)* ... 10
modérer *(mäßigen)* ... 12
modifier *(ändern)* ... 4
moisir *(schimmeln)* ... 17
moissonner *(ernten)* ... 3
mollir *(nachlassen, schwächer werden)* ... 17
momifier *(mumifizieren)* ... 4
monnayer *(prägen, zu Geld machen)* ... 13
monter* *(hinauf-, an-, einsteigen, hinaufbringen)* 3
montrer *(zeigen)* ... 3

moquer (se ... de) *(sich lustig machen über)* 3
morceler *(zerstückeln)* 8
mordre *(beißen, stechen)* 61
morfondre (se) *(vor Langeweile vergehen)* 61
mortifier *(demütigen)* 4
moudre *(mahlen)* 48
mouiller *(nass machen)* ... 3
mourir* *(sterben)* 49
mouvoir (se) *(bewegen, sich bewegen)* 50
mugir *p.p. inv. (muhen, (Meer) brausen)* 17
multiplier (se) *(multiplizieren, vervielfachen, sich vermehren)* 4
munir de (se ... de) *(ausstatten, mitnehmen)* 17
mûrir *(reifen, reifen lassen)* 17
murmurer *(murmeln)* 3
museler *(einen Maulkorb anlegen)* 8
mystifier *(hinters Licht führen)* 4
mythifier *(verherrlichen)* .. 4

N

nager *(schwimmen)* 7
naître* *(geboren werden)* . 51
nantir *(versorgen)* 17
négliger *(vernachlässigen)* 7
négocier *(ver-, aushandeln)* 4
neiger *p.p. inv. (schneien)* .. 7
nettoyer *(reinigen)* 15
nier *(leugnen)* 4
niveler *(einebnen)* 8
noircir *(schwarz werden / machen)* 17
nommer *(nennen, ernennen)* 3
noter *(notieren, feststellen)* 3
notifier *(offiziell mitteilen)* 4
nouer *(knoten, binden, anknüpfen)* 3
nourrir (se) *(ernähren, füttern, sich ernähren)* ... 17
noyer (se) *(ertränken, ertrinken)* 15
nuancer *(differenzieren, abstufen)* 6
nuire à, *p.p.*: nui *(schaden)* 27

O

obéir *p.p. inv., passif:* elles ont été obéies *(gehorchen)* 17
obliger (s'... à) *(zwingen, verpflichten, sich verpflichten)* 7
oblitérer *(entwerten)* 12
obscurcir *(verdunkeln)* 17
obséder *(befallen, heimsuchen)* 12
observer *(beobachten, beachten)* 3
obtempérer *p.p. inv. (Folge leisten)* 12
obtenir *(erhalten, erzielen)* 71
occlure *p.p.*: occlus *(verschließen)* 40
occuper *(beschäftigen, einnehmen, besetzen)* 3
octroyer *(bewilligen)* 15
offenser *(beleidigen, verletzen)* 3
offrir *(schenken, bieten)* .. 31
oindre *déf.: nur p.p. (salben)* 45
omettre *(aus-, unterlassen)* 47
opérer *(operieren, verfahren)* 12
opposer (s' ... à) *(gegenüberstellen, entgegen halten, sich widersetzen)* 3
ordonner *(befehlen)* 3
organiser *(organisieren, veranstalten)* 3
orner *(schmücken)* 3
orthographier *((richtig) schreiben)* 4
oser *(wagen)* 3
ôter *(wegnehmen, abziehen)* 3
oublier *(vergessen)* 4
ouïr *(hören)* ..... déf.
outrager *(beleidigen)* 7
ouvrir *(öffnen)* 31
oxygéner *(mit Sauerstoff anreichern)* 12

P

pacifier *(befrieden)* 4
pagayer *(paddeln)* 13
paître *(weiden)* ..... déf.
pâlir *(blass werden)* 17
pallier *(beheben, beseitigen)* 4
paqueter *(einpacken)* 9
parachever *(vollenden)* 11
paraître* *(erscheinen)* 28
parcourir *(durchlaufen, -fahren)* 30
pardonner *(verzeihen)* 3
parfumer *(parfümieren)* ... 3
parier *(wetten)* 4
parler *(sprechen)* 3
parodier *(parodieren)* 4
parsemer *(bestreuen)* 11
partager *(auf-, verteilen)* .. 7
partir* *(weggehen, abreisen)* 52
parvenir* à *(gelangen, erreichen)* 71
passer* (se) *(vorbeigehen, vorbeifahren, geben, überqueren, sich ereignen, passieren)* 3
patauger *p.p. inv. (waten, planschen)* 7
pâtir de *p.p. inv. (leiden unter)* 17
payer *(be-, zahlen)* 13
pécher *p.p. inv. (sündigen)* 12
pêcher *(fischen, angeln)* ... 3
peigner (se) *(kämmen, sich kämmen)* 3
peindre *(malen)* 53
peler *(schälen)* 10
pelleter *(schaufeln)* 9
pencher (se) *((sich) neigen, sich bücken)* 3
pendre *(hängen, aufhängen)* 61

pénétrer *(ein-, durchdringen)* 12
penser *(denken)* 3
pépier *p.p. inv. (piepsen)* 4
percer *(durch-, bohren, durchkommen)* 6
percevoir *(wahrnehmen)* 60
perdre *(verlieren)* 61
périr *p.p. inv. (umkommen)* 17
permettre (se) *(erlauben, sich erlauben)* 47
perpétrer *((Verbrechen) begehen)* 12
persévérer dans *p.p. inv. (beharren)* 12
personnifier *(personifizieren)* 4
persuader *(überzeugen)* 3
pervertir *(verderben)* 17
peser (se) *(wiegen, sich wiegen)* 11
péter *(furzen, krachen)* 12
pétrifier *(versteinern)* 4
pétrir *(kneten)* 17
peupler *(bevölkern)* 3
photocopier *(fotokopieren)* 4
photographier *(fotografieren)* 4
piéger *(mit einer Falle fangen)* 7 + 12
piger *(kapieren)* 7
pincer (se) *(kneifen, sich kneifen)* 6
piocher *(büffeln, ziehen)* 3
piquer *(stechen, pieksen)* 3
piqueter *(abstecken)* 9
placer (se) *(stellen, legen, sich hinsetzen, -stellen)* 6
plagier *(plagiieren)* 4
plaider *(plädieren, prozessieren)* 3
plaindre (se) *(bedauern, sich beklagen)* 32
plaire (se) *p.p. inv. (gefallen, sich mögen, sich wohl fühlen)* 54
plaisanter *(scherzen)* 3
planer *(schweben, gleiten)* 3
planifier *(planen)* 4
planter *(pflanzen)* 3
pleurer *(weinen)* 3
pleuvoir *p.p. inv. (regnen)* 55
plier *(biegen, falten)* 4
plonger *(tauchen)* 7
ployer *(sich biegen, beugen)* 15
poindre *(sprießen, anbrechen)* déf.
polir *(polieren)* 17
poncer *(abschleifen)* 6
pondre *((Eier) legen)* 61
pontifier *(dozieren, belehren)* 4
porter *(tragen)* 3
poser *(stellen, legen, setzen)* 3
posséder *(besitzen)* 12
pourrir* *(ver-, faulen)* 17
poursuivre *(verfolgen, jagen)* 67
pourvoir à/de *(sorgen für, ausstatten)* 56
pousser *(wachsen, schieben, stoßen)* 3
pouvoir *(können)* 57
pratiquer *(praktizieren, ausüben)* 3
précéder *(vorangehen)* 12
prêcher *(predigen)* 3
précipiter (se) *(beschleunigen, sich stürzen)* 3
prédire *prés.:* (vous) prédisez *(vorhersagen)* 37
préférer *(lieber tun, vorziehen)* 12
préjuger de qc *(einer Sache vorgreifen)* 7
prélever *(entnehmen)* 11
prémunir (se ... contre) *(schützen, sich schützen)* 17
prendre *(nehmen)* 58
préoccuper (se ... de) *(beunruhigen, Sorge bereiten, sich sorgen um)* 3
préparer *(vorbereiten)* 3
présager *(bedeuten (für die Zukunft))* 7
prescrire *(verschreiben)* 39
présenter (se) *(vor-, darstellen, sich vorstellen)* 3
présider *(den Vorsitz haben)* 3
pressentir *(ahnen)* 52
presser *(eilen, aus-, pressen)* 3
prétendre *(behaupten, vorgeben)* 61
prêter *(leihen, ausleihen)* 3
prévaloir (se ... de) *subj. prés.:* que je prévale *(siegen, die Oberhand gewinnen, geltend machen)* 70
prévenir *(benachrichtigen)* 71
prévoir *(vorhersehen)* 59
prier *(beten, bitten)* 4
priver (se) *(berauben, vorenthalten, sich einschränken)* 3
privilégier *(privilegieren)* 4
procéder *(verfahren)* 12
procréer *(zeugen, gebären)* 5
procurer *(be-, verschaffen)* 3
produire *(erzeugen, produzieren)* 27
proférer *((Beleidigungen) ausstoßen)* 12
profiter de *(aus-, nutzen, profitieren)* 3
programmer *(programmieren, planen)* 3
projeter *(planen, herausschleudern)* 9
proliférer *p.p. inv. (wuchern)* 12
prolonger *((zeitlich) verlängern)* 7
promener (se) *(spazieren führen, gehen)* 11
promettre *(versprechen)* 47
promouvoir *p.p.:* promu *(befördern, fördern)* 50
prôner *(vertreten, verteidigen)* 3
prononcer *(aussprechen)* 6
propager (se) *(verbreiten, sich verbreiten)* 7

proposer *(vorschlagen)* 3
proroger *((Vertrag) verlängern)* 7
proscrire *(verbieten, verbannen)* 39
prospérer *p.p. inv. (blühen, gut gehen)* 12
protéger (se) *(schützen, sich schützen)* .... 7 + 12
protester *(protestieren, sich wehren)* 3
prouver *(beweisen)* 3
provenir* de *(herrühren)* 71
provoquer *(verursachen, provozieren)* 3
psalmodier *(Psalmen lesen, herunterleiern)* 4
publier *(veröffentlichen)* 4
punir *((be)strafen)* 17
purger *(säubern)* 7
purifier *(reinigen)* 4
putréfier (se) *(verfaulen)* 4

Q

qualifier (se) *(bezeichnen, qualifizieren, sich qualifizieren)* 4
quantifier *(in Zahlen fassen, quantifizieren)* 4
quérir *(suchen)* .... déf.
quitter *(verlassen)* 3

R

rabattre *(herunterklappen, -drücken)* 24
raccommoder *(stopfen)* 3
raccourcir *(kürzer werden, kürzen)* 17
racheter (se) *(zurückkaufen)* 11
raconter *(erzählen)* 3
radier *(aus-, streichen, löschen)* 4
radiographier *(röntgen)* 4
radoucir (se) *(sich besänftigen, milder werden)* 17
raffermir (se) *(fester, straffer werden)* 17
rafraîchir (se) *((sich) abkühlen, kühler werden)* 17
rager *p.p. inv. (sich ärgern)* 7
raidir (se) *(steif machen, sich versteifen)* 17
raisonner *(argumentieren, zur Vernunft bringen)* 3
rajeunir* *(verjüngen, sich jünger fühlen)* 17
ralentir *(langsamer fahren)* 17
rallier (se ... à) *(vereinen, sich anschließen)* 4
rallonger *(länger machen)* . 7
ramasser *(ein-, sammeln, aufheben)* 3
ramener *(wieder herbringen, mitbringen)* .. 11
ramer *(rudern)* 3
ramifier *(verzweigen)* 4
ramollir *(weich machen)* .. 17
rancir *(ranzig werden)* 17
ranger (se) *(aufräumen, sich aufstellen)* 7
rapatrier *(in die Heimat zurückbringen)* 4
rapiécer *(flicken)* .... 6 + 12
rappeler qc à qn (se ... qn/qc) *(erinnern, sich erinnern)* 8
rapporter (se ... à) *(zurück-, mitbringen, berichten, sich beziehen auf)* 3
rapprocher (se) *(zusammen-rücken, sich nähern)* 3
raréfier (se) *(verdünnen, dünner werden)* 4
raser (se) *(rasieren, sich rasieren)* 3
rassasier *(sättigen, befriedigen)* 4
rassembler (se) *(zusammentragen, (sich) versammeln)* 3
rasseoir *(sich wieder setzen)* 23
rasséréner *(beruhigen)* 12
rassurer *(beruhigen)* 3
ratifier *(ratifizieren)* 4
rattraper *(einholen, nachholen)* 3
ravager *(verwüsten, verunstalten)* 7
ravir *(begeistern, bezaubern)* 17
rayer *(zerkratzen, durchstreichen)* 13
réagir *p.p. inv. (reagieren)* 17
réaliser *(verwirklichen, ausführen)* 3
réapparaître* *(wieder auftauchen)* 28
réapprendre *(noch einmal lernen)* 58
rebattre *(wieder aufarbeiten)* 24
rebondir *p.p. inv. (zurückprallen)* 17
receler *(sich verbergen)* ... 10
recéler *(siehe receler)* 12
recevoir *(empfangen, erhalten)* 60
recharger *(wieder aufladen)* 7
réchauffer (se) *(aufwärmen, sich wärmen)* 3
rechercher *(suchen, er-, forschen,)* 3
réciter *(aufsagen, rezitieren)* 3
réclamer *(fordern, sich beschweren)* 3
récolter *(ernten)* 3
recommander *(empfehlen)* 3
recommencer *(wieder beginnen)* 6
récompenser *(belohnen)* .. 3
réconcilier (se) *(versöhnen, sich aussöhnen)* 4
reconduire *(zurückbringen)* 27
reconnaître (se) *(erkennen, anerkennen, sich wiedererkennen)* ... 28
reconquérir *(wiedererobern)* 20
reconsidérer *(noch einmal überdenken)* 12
reconstruire *(wieder aufbauen)* 27

reconvertir (se) *(umwandeln, umschulen)* ... 17
recopier *(abschreiben, kopieren)* ... 4
recoudre *(wieder annähen, (Wunde) nähen)* ... 29
recourir à qn/qc *(sich an jdn. wenden, sich einer Sache bedienen)* ... 30
recouvrir *(bedecken, beziehen)* ... 31
recréer *(neu er-, schaffen)* . 5
récrier (se) *(laut aufschreien, Einspruch erheben)* ... 4
récrire *(neu schreiben, zurückschreiben)* ... 39
recroître *p.p. inv.:* recrû *(wieder wachsen)* ... 19
rectifier *(berichtigen, korrigieren)* ... 4
recueillir (se) *(sammeln, einholen, sich sammeln)* 35
recuire *(noch einmal / länger kochen)* ... 27
reculer *(zurückgehen, rückwärts gehen)* ... 3
récupérer *(wiedererlangen)* ... 12
redéfaire *(wieder auftrennen)* ... 41
redescendre* *(wieder herunterkommen)* ... 61
redevenir* *(wieder werden)* ... 71
rédiger *(abfassen, redigieren)* ... 7
redire *(nochmals sagen)* .. 37
redoubler *(verdoppeln, sitzenbleiben)* ... 3
redouter *(fürchten)* ... 3
redresser (se) *(heben, sich aufrichten)* ... 3
réduire *(reduzieren, einschränken)* ... 27
réécrire *(nochmals schreiben)* ... 39
réélire *(wieder wählen)* .. 46
réexpédier *(zurück-, weiterbefördern)* ... 4
refaire *(wieder tun, von vorne anfangen)* ... 41
référer (se ... à) *(sich beziehen auf)* ... 12
refermer *(wieder schließen)* ... 3
réfléchir *(überlegen)* ... 17
refléter *(zurückstrahlen)* .. 12
refondre *(wieder schmelzen, überarbeiten)* ... 61
réfréner *(zügeln, mäßigen)* ... 12
réfrigérer *(kühlen)* ... 12
refroidir (se) *(kalt werden, (sich) abkühlen)* ... 17
réfugier (se) *(sich flüchten)* ... 4
refuser *(ablehnen)* ... 3
regarder *(ansehen, betrachten)* ... 3
régénérer (se) *(neu bilden, sich regenerieren)* ... 12
régir *(regeln, regieren)* ... 17
régler *(regeln, einstellen)* 12
régner *(herrschen)* ... 12
regorger de *p.p. inv.* *(im Überfluss besitzen)* .. 7
regretter *(bedauern)* ... 3
réinscrire (se) *(wieder anmelden, einschreiben, sich zurückmelden)* ... 39
réinsérer *(wieder eingliedern)* ... 12
réintégrer *(wieder eingliedern)* ... 12
réintroduire *(wieder einführen)* ... 27
réitérer *(wiederholen)* ... 12
rejaillir *p.p. inv. (auf-, hochspritzen)* ... 17
rejeter *(zurückwerfen)* ... 9
rejoindre (se) *((wieder) treffen, einholen, sich treffen)* ... 45
réjouir (se ... de) *(sich freuen)* ... 17
relancer *(wieder ankurbeln)* ... 6
relayer (se) *(ablösen, sich ablösen)* ... 13
reléguer *(abschieben, verbannen)* ... 12
relever (se) *(aufheben, hochschlagen, notieren, aufstehen)* ... 11
relier *(verbinden, anschließen)* ... 4
relire *(noch einmal lesen)* 46
reloger *(umquartieren)* ... 7
reluire *p.p. inv.:* relui *(glänzen, schimmern)* .. 27
remanier *(umarbeiten, umbilden)* ... 4
remarier (se) *(wieder heiraten)* ... 4
remarquer *(bemerken)* ... 3
remblayer *(auffüllen, aufschütten)* ... 13
rembourser *(zurück-, erstatten)* ... 3
rembrunir (se) *(sich verfinstern)* ... 17
remédier à *p.p. inv.* *(heilen, beheben)* ... 4
remercier qn *(danken)* ... 4
remettre (se) *(wieder hinstellen, überreichen, sich erholen)* ... 47
remmener *(zurückbringen)* ... 11
remodeler *(neu gestalten)* ... 10
remonter* *((wieder) hinaufgehen, -fahren, -tragen, steigen)* ... 3
remplacer *(ersetzen)* ... 6
remplir (se) *(füllen, ausfüllen, sich füllen)* ... 17
remuer *(bewegen, rühren)* 3
rémunérer *(vergüten, entlohnen)* ... 12
renaître @ *p.p.* *(wieder geboren werden)* 51
renchérir *p.p. inv.* *(sich verteuern)* ... 17
rencontrer (se) *(treffen, sich begegnen)* ... 3

rendormir *(wieder zum Einschlafen bringen)* 38
rendre *(zurückgeben)* 61
renfermer *(enthalten)* 3
renforcer *(verstärken)* 6
rengorger (se) *(sich aufplustern)* 7
renier *(ver-, leugnen)* 4
renoncer à *(verzichten)* 6
renouveler *(erneuern, verlängern)* 8
renseigner (se) *(Auskunft geben, sich erkundigen)* .. 3
rentrer* *(nach Hause gehen, hin- eingehen, -bringen, -passen)* 3
renverser (se) *(umstoßen, umdrehen, umfallen)* 3
renvoyer *(zurückschicken)* 16
répandre (se) *(verbreiten, verschütten, sich ver-, ausbreiten)* 61
reparaître* *(wieder erscheinen)* 28
réparer *(reparieren)* 3
repartir* *(wieder abfahren)* 52
répartir *(ver-, auf-, zuteilen)* 17
repasser *(wieder vorbeigehen, bügeln)* 3
repeindre *(neu streichen)* 53
repentir (se ... de) *(bereuen)* 52
repérer (se) *(ausfindig machen, sich zurechtfinden)* 12
répertorier *(in ein Register aufnehmen)* 4
répéter (se) *(wiederholen, proben, sich wiederholen)* 12
replacer *(zurückstellen)* ... 6
replier *(wieder zusammenfalten, zurückziehen)* 4
répliquer *(erwidern)* 3
replonger (se) *(wieder ein-, tauchen, sich wieder vertiefen)* 7
répondre *(antworten)* 61
reposer (se) *(sich ausruhen)* 3
repousser *(wegschieben, zurückweisen, abwehren)* 3
reprendre *(wieder nehmen, übernehmen)* . 58
représenter (se ... qc) *(darstellen, vertreten, sich etw. vorstellen)* 3
reprocher (se ... qc) *(vorwerfen, sich wegen etw. Vorwürfe machen)* .. 3
reproduire (se) *(sich wiederholen, sich fortpflanzen)* 27
répudier *(verschmähen)* ... 4
requérir *(bitten, ersuchen)* 20
réserver *(reservieren)* 3
résilier *((Vertrag) kündigen)* 4
résister à *(sich wehren, widerstehen)* 3
résonner *(wider-, hallen)* .. 3
résoudre (se ... à) *p.p.*: résolu *(lösen, sich entschließen)* 18
respecter *(achten, respektieren)* 3
respirer *(atmen)* 3
resplendir *p.p. inv.* *(glänzen, funkeln)* 17
ressaisir (se) *(sich wieder fangen)* 17
ressembler à (se) *(ähneln, gleichen, sich ähneln)* 3
ressemeler *(neu besohlen)* 8
ressentir *(spüren, merken)* 52
resservir *p.p. inv.* *(noch einmal benutzt werden)* 65
ressortir* *(nochmals weggehen, hervortreten, -holen)* 52
ressouvenir (se ... de) *(sich erinnern)* 71
ressurgir *(wieder auftauchen)* 17
rester* *(bleiben)* 3
restreindre (se) *(beschränken, sich einschränken)* 53
résulter* de *(sich ergeben aus)* 3
resurgir *p.p. inv.* *(siehe ressurgir)* 17
rétablir (se) *(wiederherstellen, genesen)* 17
retarder *(aufhalten, verzögern)* 3
retenir (se) *(zurück-, halten, sich beherrschen)* 71
retentir *p.p. inv.* *(ertönen, widerhallen)* 17
retirer (se) *(ausziehen, weg-, herausnehmen, abheben, sich zurückziehen)* 3
retomber* *(wieder fallen, zurückfallen)* 3
retordre *(zwirnen)* 61
retourner* *(zurückgehen, umdrehen)* 3
retransmettre *(weiterleiten, übertragen)* 47
rétrécir *(enger machen, einlaufen)* 17
retrouver *(wiederfinden)* .. 3
réunifier *(wiedervereinigen)* 4
réunir (se) *(sammeln, sich treffen)* 17
réussir *(Erfolg haben, gelingen)* 17
revaloir *(vergelten)* 70
réveiller *(wecken)* 3
révéler *(enthüllen, aufdecken)* 12
revendre *(weiter-, verkaufen)* 61
revenir* *(zurückkommen)* 71
rêver *(träumen)* 3
revêtir *(anziehen, aufweisen)* 72
revivifier *(zu neuem Leben erwecken)* 4

revivre *(fortleben, wieder erleben)* 73
revoir (se) *(wiedersehen, sich wiedersehen)* 74
rincer *(abspülen)* 6
rire *(lachen)* 62
risquer *(wagen, riskieren)* . 3
rôder *(herumstreifen)* 3
rompre *(unter-, abbrechen)* 63
ronger *(nagen, zerfressen)* 7
rosir *(erröten, rosa färben)* 17
rôtir *(braten, schmoren)* ..17
rougeoyer *p.p. inv. (rötlich schimmern)* 15
rougir *(erröten, rot färben)* 17
rouler *(rollen, fahren)* 3
rouspéter *p.p. inv. (meckern, schimpfen)* ...12
rouvrir *(wieder öffnen)* 31
rugir *p.p. inv. (brüllen, toben)* 17
ruiner (se) *(ruinieren, sich ruinieren)* 3
ruisseler *(rieseln)* 8
ruser *(listig sein)* 3

S

saccager *(plündern, verwüsten)* 7
sacrifier (se) *(opfern, sich opfern, sich aufopfern)* 4
saillir *déf.: nur 3. Pers. (hervortreten, -springen)* 22
saillir *déf.: nur 3. Pers. (decken)* 17
saisir (se ... de) *(ergreifen, erfassen, sich bemächtigen)* 17
saler *(salzen)* 3
salir (se) *(verschmutzen, sich schmutzig machen)* 17
saluer *(grüßen)* 3
sanctifier *(heiligen)* 4
saper (se) *(untergraben, sich in Schale werfen)* 3
satisfaire *(zufrieden stellen)* 41
sauter*(springen)* 3
sauvegarder *(schützen, sichern)* 3
sauver (se) *(retten, flüchten)* 3
savoir *(wissen, können)* .. 64
scier *(ab-, zer-, sägen)* 4
sécher (se) *(aus-, ver-, trocknen, sich abtrocknen)* 12
secouer *(schütteln, erschüttern)* 3
secourir qn *(jdm. Hilfe leisten)* 30
sécréter *(absondern)* 12
séduire *(verführen)* 27
sembler *(scheinen, aussehen)* 3
semer *(säen)* 11
sentir *(fühlen, riechen)* ... 52
seoir *(kleiden, passen)* . déf.
séparer (se) *(trennen, sich trennen)* 3
serrer (se) *(drücken, zusammenrücken)* 3
sertir *((Edelstein) fassen)* 17
servir (se) *(bedienen, nützlich sein, sich bedienen, benutzen)* 65
sévir contre *p.p. inv. (mit aller Strenge vorgehen gegen)* 17
sevrer *(abstillen, entziehen)* 11
sidérer *(verblüffen)* 12
siéger *p.p. inv. (tagen, seinen Sitz haben)* .. 7 + 12
siffler *(pfeifen)* 3
signaler *(melden)* 3
signer *(unterschreiben)* 3
signifier *(bedeuten)* 4
simplifier *(vereinfachen)* ..4
singer *(nachäffen, -machen)* 7
situer (se) *(situieren, ansiedeln, liegen)* 3
skier *p.p. inv. (Ski laufen)* ..4
soigner *(pflegen)* 3
solidifier *(verfestigen)* 4
songer *p.p. inv. (denken)* ...7
sonner *(klingeln, läuten, klingen)* 3
sortir* *(hinaus-, weggehen, hinausbringen, herausholen)* 52
soucier (se ... de) *(sich kümmern um)* 4
soudoyer *(dingen, bestechen)* 15
souffler *(wehen, blasen)* ... 3
souffleter *(ohrfeigen)* 9
souffrir *(leiden)* 31
souhaiter *(wünschen)* 3
souiller *(besudeln, beschmutzen)* 3
soulager *(erleichtern, lindern)* 7
soulever *(hoch-, heben)* ..11
soumettre (se) *(unterziehen, -werfen, sich unterwerfen)* 47
soupçonner *(verdächtigen)* 3
souper *(zu Abend essen)* .. 3
soupeser *(mit der Hand abwiegen, abwägen)* 11
soupirer *(seufzen)* 3
sourire *(lächeln)* 62
souscrire *(unterschreiben)* 39
sous-entendre *((stillschweigend) voraussetzen)* 61
soustraire *@ p.s., @ subj. imp. (subtrahieren)* 68
soutenir *(stützen, unterstützen)* 71
souvenir (se ... de) *(sich erinnern)* 71
spécifier *(genau angeben)* 4
spolier *(berauben)* 4
statufier *(erstarren lassen)* 4
sténographier *(stenografieren)* 4
strier *(riffeln)* 4
stupéfier *(verblüffen)* 4
subir *(ertragen, erleiden)* .17
submerger *(überschwemmen)* 7
subordonner *(unterordnen)* 3
subvenir à *p.p. inv. (aufkommen für)* 71

succéder à (se) *p.p. inv.* *(folgen auf, aufeinander folgen)* 12
sucer *(lutschen, saugen)* ... 6
suffire *(genügen)* 66
suggérer *(vorschlagen)* ... 12
suivre (se) *(folgen, verfolgen, aufeinander folgen)* 67
suppléer à qc *(ersetzen)* ... 5
supplier *(inständig bitten)* 4
supporter *(ertragen)* 3
supposer *(annehmen, voraussetzen)* 3
supprimer *(beseitigen, abschaffen, streichen)* 3
surcharger *(überladen)* 7
surélever *(erhöhen)* 11
surenchérir *p.p. inv.* *(höher bieten)* 17
surgeler *(tiefkühlen)* 10
surgir *p.p. inv.* *(auftauchen)* 17
surmener (se) *(überbeanspruchen, sich übernehmen)* 11
surnager *p.p. inv.* *(an der Oberfläche schwimmen)* . 7
surprendre *(überraschen)* 58
surveiller *(überwachen, aufpassen)* 3
survenir* *(unerwartet eintreten, ereignen)* 71
survivre *p.p. inv.* *(überleben)* 73
suspendre *(aufhängen, unterbrechen)* 61

T

tacher (se) *(beflecken, sich schmutzig machen)* . 3
tâcher de *(versuchen, sich bemühen)* 3
tailler *(an-, spitzen, zuschneiden)* 3
taire (se), *prés.:* il tait, *p.p.:* tu(e) *(ver-, schweigen)* 54
tancer *(rügen, tadeln)* 6
taper *(schlagen, klopfen, tippen)* 3
tapir (se) *(sich verkriechen)* 17
tarder *(auf sich warten lassen)* 3
tarir (se) *(austrocknen, versiegen)* 17
tâter *(ab-, tasten)* 3
teindre *(färben)* 53
télégraphier *(telegrafieren)* 4
téléphoner *(telefonieren, anrufen)* 3
témoigner *(bezeugen)* 3
tempérer *(mäßigen, mildern)* 12
tendre (se) *(spannen, ausstrecken, anstreben, sich verschlechtern)* 61
tenir (se) *(halten, führen, stattfinden)* 71
tenter *(versuchen, reizen)* . 3
terminer (se)*(beenden, zu Ende gehen)* 3
ternir *(trüben)* 17
terrifier *(in Angst und Schrecken versetzen)* 4
téter *(saugen, stillen)* 12
tiédir *(lauwarm werden)* .. 17
tirer *(ziehen, schießen)* 3
tisser *(weben)* 3
tolérer *(dulden, zulassen)* 12
tomber* *(fallen)* 3
tondre *(scheren, mähen)* . 61
tonifier *(stärken, kräftigen)* 4
tonneler *((Vögel) fangen, Fallen stellen)* 8
tordre (se) *(ver-, drehen, ver-, biegen, sich krümmen)* 61
toréer *p.p. inv.* *(als Torero auftreten)* 5
torréfier *(rösten)* 4
toucher (se) *(berühren, treffen, sich berühren)* 3
tourmenter (se) *(quälen, sich Sorgen machen)* 3
tourner (se) *((sich) drehen, abbiegen, sich umdrehen)* 3
tournoyer *p.p. inv.* *(sich im Kreis drehen)* ... 15
tousser *(husten)* 3
tracer *(auf-, zeichnen, skizzieren)* 6
traduire (se ... par) *(übersetzen, sich äußern in)* 27
trahir (se) *(verraten, sich verraten)* 17
traîner *(schleppen, bummeln)* 3
traire *(melken)* 68
traiter *(behandeln, verarbeiten)* 3
trancher *(durchschneiden, eine Entscheidung treffen)* 3
transcrire *(abschreiben, transkribieren)* 39
transférer *(verlegen, -setzen, überweisen)* 12
transformer *(verwandeln, verarbeiten)* 3
transiger *p.p. inv.* *(einen Kompromiss schließen)* .. 7
transmettre *(weitergeben, -leiten)* 47
transparaître *p.p. inv.* *(durchscheinen)* 28
transpercer *(durchbohren, -stechen)* 6
transporter *(transportieren, befördern)* 3
travailler *(be-, arbeiten)* ... 3
traverser *(über-, durchqueren)* 3
travestir (se) *(verfälschen, sich verkleiden)* 17
trembler *(zittern)* 3
tremper *(durchnässen, eintunken)* 3
tressaillir *p.p. inv.* *(zusammenzucken)* 22
trier *(auswählen, sortieren)* 4
tromper (se) *(betrügen, täuschen, sich irren)* 3
trompeter *(trompeten)* 9
troubler (se) *(stören, verwirren, sich trüben)* ... 3

trouer *(ein Loch machen)* ... 3
trouver (se) *(finden, sich befinden)* ... 3
tuer (se) *(umbringen, töten, sich umbringen)* ... 3
tuméfier (se) *(anschwellen (lassen))* ... 4
tutoyer (se) *(duzen, sich duzen)* ... 15

U

ulcérer *(tief kränken)* ... 12
unifier *(vereinen, vereinheitlichen)* ... 4
unir (s') *(vereinigen, verbinden, sich vereinigen)* ... 17
urger *(dringend/eilig sein)* 7
user (s') *(abnutzen, benutzen, sich abnutzen)* 3
usurper *(sich widerrechtlich aneignen)* ... 3
utiliser *(benutzen, anwenden)* ... 3

V

vaincre *(be-, siegen)* ... 69
valoir *(wert sein, kosten)* . 70
vanter (se) *(rühmen, prahlen)* ... 3
varier *(sich ändern)* ... 4
végéter *p.p. inv.* *(dahinvegetieren)* ... 12
veiller *(wachen)* ... 3
vendanger *((Trauben) lesen)* ... 7
vendre *(verkaufen)* ... 61
vénérer *(verehren)* ... 12
venger (se) *(rächen, sich rächen)* ... 7
venir* *(kommen)* ... 71
verdir *(grün werden / färben)* ... 17
verdoyer *p.p. inv.* *(er-, grünen)* ... 15
verglacer *p.p. inv.* *(Glatteis bilden)* ... 6
vérifier (se) *(überprüfen, sich bestätigen)* ... 4
vernir *(lackieren)* ... 17
verser *(eingießen, einzahlen)* ... 3
versifier *(dichten, in Verse bringen)* ... 4
vêtir (se) *(bekleiden, sich ankleiden)* ... 72
vidanger *(entleeren, Öl wechseln)* ... 7
vider *(leeren)* ... 3
vieillir* *(alt werden)* ... 17
vinifier *(keltern)* ... 4
virer *(abbiegen, überweisen, hinauswerfen)* ... 3
viser *(zielen, anstreben)* ... 3
visiter *(besichtigen)* ... 3
vitrifier *(in Glas umwandeln)* ... 4
vivifier *(stärken, kräftigen)* 4
vivre *(leben, wohnen)* ... 73
vociférer *(brüllen, toben)* 12
voiler (se) *(verschleiern, verhüllen, sich bedecken)* 3
voir *(sehen)* ... 74
voler *(fliegen, stehlen)* ... 3
voleter *(herum-, flattern)* .. 9
voltiger *p.p. inv.* *(hin und her fliegen)* ... 7
vomir *(er-, brechen, sich übergeben)* ... 17
voter *(wählen, abstimmen)* 3
vouloir *(wollen)* ... 75
vouvoyer (se) *(siezen, sich siezen)* ... 15
voyager *p.p. inv.* *(reisen)* ... 7
vrombir *p.p. inv.* *(dröhnen, summen)* ... 17

Z

zapper *(zappen)* ... 3
zébrer *(mit Streifen versehen)* ... 12
zézayer *p.p. inv.* *(lispeln)* . 13

Werde noch besser in Französisch mit dem großen Übungsbuch!

- Mit 400 Übungen zu allen wichtigen Grammatik- und Wortschatzthemen für den Französischunterricht.
- Zu jedem Thema findest Du Übungen in 3 Schwierigkeitsstufen.
- Alle Regeln sind einfach und verständlich erklärt. Viele Tipps bewahren Dich außerdem vor typischen Fehlerfallen im Französischen!

ISBN: 978-3-12-561862-6

[D] 14,99 € **[A]** 14,99 €

PONS

www.pons.de